*Madame de Sévigné
à Grignan,
une épistolière en Provence*

SOURCES ICONOGRAPHIQUES

L'iconographie réunie par M. Cabaud est extraite de ses collections,
à l'exception des emprunts à :
Bibliothèque nationale de France, pp. 68, 71, 73, 79, 81
Photothèque des musées de la ville de Paris, p.8, 87, 95
Musée des Beaux-Arts de Lyon, p.51
Musée de la Poste, pp. 28, 29
Compagnie nationale du Rhône, p. 33
Bibliothèques de B. Verrier et J.-J. Revel
Couverture AUBANEL, photothèque des musées de la ville de Paris.

© Éditions AUBANEL - 1996
93/95 rue Vendôme, 69006 LYON
ISBN 27006-0213-7

JOSÉE ET PHILIPPE CHOMEL

Madame de Sévigné à Grignan, une épistolière en Provence

Préface de BRUNO DURIEUX

une réalisation de MICHEL CABAUD

Éditions AUBANEL

Nos remerciements vont à tous ceux qui nous ont aidés
à la réalisation de cet ouvrage, et plus particulièrement à :
M. Jean-Pierre Couren, conservateur des châteaux de la Drôme,
Mme Bozec-Cabaud qui a assuré la saisie du texte,
Mme Évelyne Papin,
M. Jean-Marie Miquel, pour ses cartes postales anciennes,
Mmes les guides du château de Grignan,
M. Bertrand Verrier,
La Compagnie nationale du Rhône, à Lyon.

PRÉFACE

La grande popularité de Mme de Sévigné tient-elle seulement à son génie littéraire ? Ses lettres sont remplies de trouvailles, d'expressions, de rythmes, d'effets d'autant plus heureux, peut-être, qu'elle n'écrivait pas pour le public mais pour ses proches. Cependant, l'intérêt constant qu'elle suscite depuis plus de trois siècles réside aussi dans la personnalité hors du commun que son œuvre révèle.

Voilà une femme de la meilleure naissance, qui a connu tout ce que le Grand Siècle comptait de brillant, d'héroïque, de pieux, de mondain, de savant, de noble et qui apparaît pleine de liberté, de spontanéité, de gaieté, de tempérament, de sensibilité ! Elle rayonne littéralement ; que ce soit pour évoquer des moments badins, des événements historiques (la mort de Turenne) ou tragiques (le supplice de la Brinvilliers), des instants intimes ou des états d'âme. Son caractère est comme son style, riche de diversités infinies, de contradictions savoureuses. On comprend que Mme de Grignan, sa fille, ait parfois souffert de cette personnalité originale.

On me pardonnera, comme maire de Grignan, de lui trouver les mêmes traits, les mêmes contrastes, les mêmes charmes que ce pays qui devait lui arracher sa fille et où elle-même acheva ses jours. Chaleureuse et réservée, tendre et vigoureuse, sensible et excessive, avisée et spontanée, belle et distante, elle est à l'image du pays de Grignan. Elle a de la séduction et du caractère. Elle entretenait d'ailleurs, avec le pays de son gendre, des relations dépourvues de fadeur, quelque peu tumultueuses. Madame de Sévigné décrivant l'hiver à Grignan : *C'est le vent du Midi, c'est la bise, c'est le diable, c'est à qui nous insultera… Je souhaite tous les jours un peintre pour bien représenter l'étendue de toutes ces épouvantables beautés.* La même s'exclamant : *Je suis provençale, je l'avoue !… Le château de Grignan est parfaitement beau… Toutes vos vues sont admirables.*

Partagé entre le parti pris et l'admiration, elle assimilait cette Provence septentrionale à l'épreuve de la séparation de sa fille, qui lui fit souffrir mort et passion. Aussi projetait-elle sa confusion intérieure sur ce pays qui prenait à ses yeux, et selon les circonstances, les couleurs de ses joies et de ses peines, de ses angoisses et de ses espoirs. Autant dire qu'elle voyait le pays de Grignan comme l'usurpateur de sa fille, que l'on redoutait comme usurpateur, mais que l'on adorait pour qu'il la comblât.

L'ouvrage de Josée et Philippe Chomel, réalisé par Michel Cabaud, rend admirablement tout cela. En quelques chapitres bien enlevés – ont-ils subi l'heureuse influence du style de la marquise ? – ils font revivre, avec l'aisance des amoureux et la sûreté des érudits, la part provençale de la vie de Mme de Sévigné.

On pourrait dire la part grignanaise, tant sa fille, le château, les réceptions qu'on y donnait, le climat, la vie, les usages au pays de Grignan accaparaient ses pensées. Ce faisant, Josée et Philippe Chomel, qui vivent eux-mêmes à Grignan, nous livrent les éléments qui ont fait jaillir tant de sentiments, d'images et de passions dans l'âme de la marquise et qui nous valent ces chefs-d'œuvres épistolaires et ce portrait étonnamment contemporain auquel le temps n'impose pas une ride.

Des illustrations merveilleusement choisies achèvent de nous plonger dans cette Provence du XVIIe siècle, pour notre plus grand bonheur.

Bruno Durieux
Maire de Grignan
Ancien Ministre

AVANT-PROPOS

La Bretagne et la Bourgogne me paraissent des pays sous le pôle, où je ne prends aucun intérêt.

Quelle expression définitive pour une Parisienne de naissance, fille d'un noble bourguignon, et fière de l'être, car dit-elle : *Cela tient dans la moelle des os, au moins à moi.* Pourtant, Bretonne par son mariage, elle est fort attachée aux Rochers*.

*en Bretagne, près de Vitré.

Sa passion maternelle semble l'entraîner, dès lors, à rejeter ses deux précédentes amours. Nous sommes un peu déroutés par ces propos. Mais ne perdons pas le nord et voyons donc quels sont ses *pays*, ses patries.

Mme de Sévigné, Marie de Rabutin Chantal, naît le 5 février 1626, à Paris, place Royale, de Celse-Bénigne de Rabutin, baron de Chantal et de Marie de Coulanges. Les Coulanges n'appartiennent qu'à la bourgeoisie enrichie mais habitent place Royale et Mme de Sévigné aimera toujours y revenir. De toute façon, elle ne quittera jamais le Marais, la rue de Thorigny, la rue des Trois-Pavillons, la rue Courteauvilain, et l'on retiendra surtout sa dernière adresse, rue Culture-Sainte-Catherine, à l'hôtel Carnavalet :

C'est une affaire admirable : nous y tiendrons tous, et nous aurons le bel air… nous aurons une belle cour, un beau jardin, un beau quartier… et nous serons ensemble, et vous m'aimerez, ma chère enfant.

Parisienne donc mais Bourguignonne par son père, l'intrépide et flambant baron de Rabutin Chantal, qui lui laissera en héritage les terres de Bourbilly où elle ira *crier famine sur ses sacs de blé*.

Même orpheline de père à dix-huit mois, son ascendance bourguignonne reste chère à son cœur et consolidera ses liens avec son cousin Roger de Bussy-Rabutin à l'amitié jalouse, un temps médisante mais néanmoins fidèle. Celui-ci présente sa cousine ainsi,

dans la généalogie exposée en son château de Bussy : « Marie de Rabutin, une des plus jolies filles de France, épousa Henri de Sévigné, gentilhomme de Bretagne, ce qui fut une bonne fortune pour lui, à cause du bien et de la personne de la demoiselle. »

Bretonne enfin par son mariage avec le marquis de Sévigné. Bien que le titre de marquis soit contesté et contestable*, la noblesse des Sévigné sera *maintenue*, en 1670, la preuve en ayant été faite selon les ordonnances royales qui exigeaient que l'on mette « en ordre tous les titres de noblesse » et que l'on en vérifie l'authenticité.

*titre de courtoisie ne correspondant pas à un marquisat

> *Quatorze contrats de mariage de père en fils ; trois cent cinquante ans de chevalerie ; les pères quelquefois considérables dans les guerres de Bretagne, et bien marqués dans l'histoire ; quelquefois retirés chez eux comme des Bretons ; quelquefois de médiocres ; mais toujours de bonnes et de grandes alliances,*

8

*La cour Renaissance
de l'hôtel Carnavalet
aujourd'hui.*

affirme Mme de Sévigné qui n'entend pas laisser attaquer, fût-ce par son cousin, la famille dont elle porte désormais le nom.

Malgré tous ces titres, tous ces biens, tous ces honneurs, elle se proclame provençale en son cœur depuis le mariage de sa très chère fille, Françoise-Marguerite, avec François de Castellane Adhémar de Monteil, comte de Grignan.

> *Mais enfin la Provence m'est devenue fort chère. Elle m'a effacé la Bretagne et la Bourgogne ; je les méprise.*

Voilà qui autorise à parler de la marquise de Sévigné en Provence.

Tout est dans l'ordre souhaité,
Mme de Sévigné a marié sa fille.

Chapitre I

UNE « VEUVE JOYEUSE », PRÉCIEUSE, ET LE DÉFI DE PROVENCE

LE VINGT-NEUF JANVIER MILLE SIX CENT SOIXANTE-NEUF, À SAINT-NICOLAS-DES-CHAMPS, FRANÇOISE-MARGUERITE DE SÉVIGNÉ, *LA BELLE MADELONNE*,* âgée de vingt-deux ans, épouse enfin *je vous le donne en cent, je vous le donne en mille...* François de Castellane Adhémar de Monteil, comte de Grignan :

> *non pas le plus joli garçon, mais un des plus honnêtes hommes du royaume... qui a du bien, de la qualité, une charge, de l'estime et de la considération dans le monde ; que faut-il davantage ? Je trouve que nous sommes bien sortis d'intrigues.*

Il n'y a plus à *faire les honneurs de la plus jolie fille de France* qui avait pensé être mariée à trois autres partis et qui s'unit à un veuf de trente-six ans *dont toutes les femmes sont mortes* pour lui *faire place*, et, continue Mme de Sévigné cruellement, *même son père et son fils par une bonté extraordinaire*, lui laissant titre et biens.

Tout est dans l'ordre souhaité : Mme de Sévigné a marié, casé, pourrait-on dire, sa fille, honorablement sinon richement, coupant court aux médisances qui se faisaient entendre. Son gendre est d'une ancienne et honorable famille, il est pourvu depuis 1663 d'une charge de lieutenant général du Languedoc, qui ne l'oblige pas à y résider et le jeune couple peut s'installer au Marais, auprès d'elle et surtout près du Louvre, *ce pays-là*, d'où découlent toutes les fortunes et les faveurs :

> *Ce n'est plus un pays étranger que la Cour ; c'est le lieu où il doit être. On est à son devoir ; on a une contenance,*

rappelle-t-elle plus tard, à propos de son petit-fils*. Et elle répète :

*Louis-Provence

> *Je vous assure que c'est un grand avantage que d'être placé en ce pays-là, et que cela donne une familiarité et des occasions qu'on ne trouve point quand on s'en retire.*

Elle n'a plus qu'à veiller à leur bonheur et au sien. Le comte de Grignan est tout autant dans son élément que sa femme et sa belle-mère : *lui que vous connaissez il y a longtemps*, écrit-elle à Bussy-Rabutin, son cousin. Lui qui fut *le brave Gariman*, veuf de *Rozelinde*, et donc habitué de l'hôtel de Rambouillet. Ce n'est pas un provincial maladroit, mais un homme du monde, goûtant les

*son surnom, dans *Le Dictionnaire des Précieuses*
*le surnom de sa femme Angélique Clarisse d'Angennes, fille de la marquise de Rambouillet

Habit de Baccantes   *Homme en habit de Ballet*

En 1664, Louis XIV organise à Versailles bals et spectacles, comme les fêtes des Plaisirs de l'île enchantée, *qui durèrent sept jours consécutifs, en l'honneur de Mlle de La Vallière.*

arts et les lettres, musicien et n'hésitant pas à chanter d'une belle voix de baryton. Enfin, dit la marquise :

> *le plus souhaitable mari et le plus divin pour la société qui soit au monde. Je ne sais ce que j'aurais fait d'un jobelin qui eût sorti de l'Académie, qui ne saurait ni la langue ni le pays, qu'il faudrait produire et expliquer partout, et qui ne ferait pas une sottise qui ne nous fît rougir.*

De même, Françoise-Marguerite, si elle ne chante, a cependant dansé aux ballets du Roi en 1663, charmante bergère d'un Roi en berger, en 1664 en nymphe aux côtés de Monsieur, et en 1665 en Omphale dans *La Naissance de Vénus*. La perfection de sa danse retentira encore, au fin fond de la Bretagne, en 1680, par la voix d'un chevalier de Cissé : «Je n'ai jamais vu si bien danser que Mme la comtesse de Grignan. » Ses débuts à la Cour sont entachés de médisances, d'intrigues et de reproches sur sa froideur qui n'était, peut-être, qu'une extrême timidité. La Fontaine lui dédicace *Le Lion amoureux* :

« Sévigné, de qui les attraits
Servent aux Grâces de modèle
Et qui naquîtes toute belle
A votre indifférence près. »

tandis que Benserade* l'attaque plus durement en la comparant à sa mère :

« Elle verrait mourir le plus fidèle amant
Sans daigner l'assister d'un regard seulement.
Injuste procédé, sotte façon de faire
Que la pucelle tient de Madame sa mère,
Et que la bonne dame, au courage inhumain,
Se lassant aussi peu d'être belle que sage,
Encore tous les jours applique à son usage
Au détriment du genre humain. »

Pauvre genre humain ! mais n'ayons crainte ni pitié, les Précieux mouraient si facilement et si souvent qu'ils en sont brocardés par les meilleurs d'entre eux, dont Scarron, qui s'adressant à Mme de Sévigné :

« Vous m'auriez toujours fait mourir. Ce qui me console, c'est que si je vous avais vue, j'en serais mort bien plus cruellement. On dit que vous êtes une dangereuse dame. »

Car c'est surtout Mme de Sévigné qui représente la jeune Précieuse, parisienne, recherchée pour son agréable compagnie et dont le renom atteindra jusqu'aux provinces, toujours attentives à ce qui se fait, ce qui se dit, ce qu'il faut penser selon la Cour, capitale du royaume.

Qui sont en fait «l'aimable Sophronie*», «la princesse Clarinte*», Mme de Cheneville* «aux yeux bigarrés»? une seule et même personne : Marie de Rabutin Chantal, qui vit en «Léolie*», que l'on rencontre en tous «les pays» où il convient de se montrer : à la Cour,

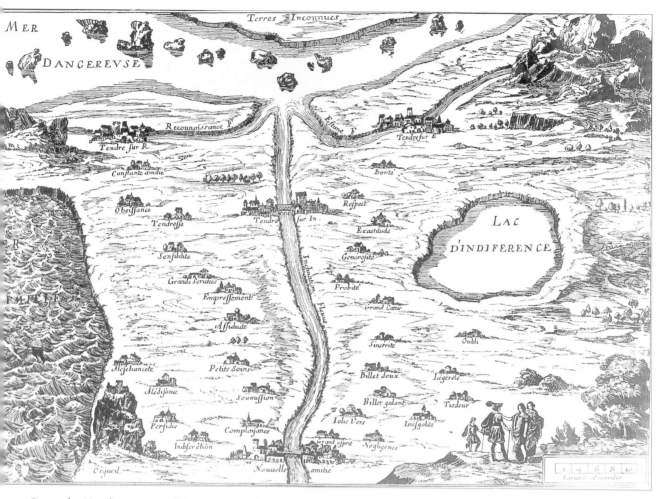

Carte du Tendre : *pays allégorique où figurent les divers chemins de l'amour imaginés par les Précieux ; ce « jansénisme de l'amour ».* (Élisabeth Badinter)

*Cours-la-Reine
*anagramme de Catherine
de Vivonne, marquise de
Rambouillet

au Cours*, à l'hôtel de Rambouillet dans la « chambre bleue » de la belle Arthénice*, puis à l'hôtel de Richelieu, en Lavardin... Mariée à dix-huit ans, elle ne vit que sept ans un mariage décevant dont elle garde deux enfants et se retrouve veuve à vingt-cinq ans, assez libre grâce à sa position sociale et à son indépendance financière sur laquelle veille son oncle, Christophe de Coulanges, le *Bien Bon*

15

La mort d'Henri de Sévigné au cours d'un duel risqué en l'honneur de sa maîtresse.

abbé de Livry. Elle reconnaîtra ses mérites en termes dignes d'une épitaphe :

> *Il m'a tirée de l'abîme où j'étais à la mort de M. de Sévigné... C'est à ses soins continuels que je dois le repos de ma vie.*

Pendant dix-huit ans, jusqu'au mariage de sa fille, Mme de Sévigné mène un existence joyeuse, elle parle elle-même de sa *rieuse jeunesse* et confie à Bussy-Rabutin que parmi les années qui méritent de rester en sa mémoire, il y a :

> *celle de son mariage... celle de son veuvage qui a été douce et assez heureuse, sans éclat et sans distinction.*

Les circonstances peu honorables de la mort d'Henri de Sévigné, au cours d'un duel risqué en l'honneur de sa maîtresse, ne pouvaient entraîner un chagrin profond. Après un deuil décent, aux Rochers, elle regagnait Paris avec ses deux jeunes enfants et reprenait une vie plaisante, remplie de mondanités mais aussi de conversations littéraires, de rencontres stimulantes avec les beaux

La jeune veuve, *fable de La Fontaine qui a pu être inspirée par Mme de Sévigné : « Le deuil enfin sert de parure en attendant d'autres atours. »*

Cette gravure du XIXᵉ siècle nous montre une abbaye en pleine campagne… Livry est aujourd'hui Livry-Gargan. Cette abbaye n'existe plus.

esprits de son temps et de débats passionnés sur tous les sujets abordés.

La « princesse Clarinte » est belle et blonde, dit Mlle de Scudéry,

> « Mais d'un blond qui n'a rien de fade et qui sied bien à la beauté… ; pour les lèvres, elle a la plus belle couleur du monde ; elle a le tour du visage beau, les yeux bleus et pleins de feu et les joues si aimables. »

« Non », dit son cousin Bussy :

> « Mme de Sévigné est inégale jusqu'aux prunelles des yeux et jusqu'aux paupières, elle a les yeux de différentes couleurs »

tandis que Mme de La Fayette parle de « l'éclat » de son regard. « Sophronie » a l'esprit « vif et enjoué, plus propre à la joie qu'au chagrin » note Somaize dans *Le Dictionnaire des Précieuses.*

> « Elle a une promptitude d'esprit la plus grande du monde à connaître les choses et à en juger. Elle parle juste, elle parle bien »

renchérit l'auteur de *Clélie*. Son goût pour la conversation ne s'est jamais démenti :

> « C'est un penchant si doux qu'on y tombe sans peine »,
> cite-t-elle, *et vous savez que je suis communicative et que je n'aime point jouir d'un plaisir toute seule.*

Son amie Mme de La Fayette, sans la vouloir flatter, insiste aussi sur le charme de ce qu'elle dit. Mme de Cheneville est parée de bien des dons : elle

> « danse merveilleusement… elle a la voix douce, juste et charmante et chante en personne de condition. »

« Impossible de s'ennuyer en sa compagnie » s'écriait Bussy. Tous ces témoignages concourent au portrait d'une Précieuse, non pas *Les Précieuses ridicules* moquées par Molière, et qui furent la caricature d'une version plus tardive, mais le modèle premier d'une préciosité qui se voulait raffinement sans affectation. Sa correspondance manifeste ce goût du vocabulaire précis, exact, exigeant. Toutes les formes littéraires ont droit de cité :

> *enfin, ma chère bonne, vous faites de la prose bien mieux que vous ne pensez,*

et elle écrit à du Plessis :

> *vous savez mieux que moi que le style figuré est une poésie ;*

mais aussi les vers, madrigaux et bouts rimés, les chansons, les lettres qui sont lues à plusieurs, recopiées, commentées. Tous applaudissent à cet art si naturel chez la marquise :

> « Elle écrit comme elle parle, c'est-à-dire le plus agréablement et le plus galamment qu'il est possible »

soutient encore Mlle de Scudéry. Marie de Rabutin Chantal – comme elle signait encore ses lettres à cette époque – en fidèle de l'hôtel de Rambouillet, a rencontré toute la société littéraire de son temps : Malherbe, Guez de Balzac, Chapelain, Scarron, Descartes, Voiture, Corneille, Bensérade, Ménage… Elle a critiqué les textes présentés dans ces « ruelles » animées où se polit une littérature plus

Les Précieuses ridicules
*de Molière, frontispice
d'une édition du
XVIIᵉ siècle.*

Portrait de Mme de Sévigné, conservé au musée de Versailles.
« *Le détail le plus frappant du portrait, celui qui accentue la physionomie de la marquise, c'est sa coiffure qui consiste en deux touffes de cheveux, étalées et comme suspendues de chaque côté des tempes, dégageant le cou et distribuées en grosses boucles, dont les plus extérieures descendent seules jusqu'à frôler les épaules.* »
(Marquis de Saporta)

19

délicate, où sont exprimés des sentiments plus raffinés que Mlle de Scudéry illustrera dans sa *carte du Tendre*. On retrouve chez Mme de Sévigné ce vocabulaire :

> *l'amitié solide et tendre... l'inclination...*
> *la pruderie... l'estime, le respect, le mérite...*
> *les dernières tendresses, la cruelle...*

mais aussi les références mythologiques dans la description de la nature :

> *Toutes ces dryades affligées que je vis hier, tous ces vieux sylvains qui ne savent plus où se retirer... Je fus hier deux heures toute seule avec les Hamadryades, je leur parlai de vous...*

quand elle ne retrouve pas l'ambiance pastorale très à la mode depuis Honoré d'Urfé : *on y trouverait encore les bergers de l'Astrée* sur les rives de l'Allier. `

Oh ! certes ces « ruelles » ne résonnent pas seulement de poésie, mais aussi de potins et de médisances, quand ce ne sont pas d'entreprises plus cavalières menées par Bussy et le prince de Conti. Ceux-ci cultivent le goût des conquêtes et dresseront une « carte du pays de Braquerie » où les citadelles féminines seront répertoriées pour mieux être attaquées par leur virilité suffisante.

Mais Marie de Rabutin Chantal, petite-fille de sainte Jeanne de Chantal, est vertueuse. Gaieté ne signifie pas facilité et même si elle parle de ses *épanouissements de rate* avec son ami Lenet, si elle se *pâme de rire, pense en crever* et badine, fait du *rabutinage* avec son cousin et complice Bussy, elle garde une conduite irréprochable.

Comment une si jeune veuve de vingt-cinq ans, même chaperonnée par sa tante Henriette de La Trousse, veuve elle aussi, n'aurait-elle pas aimé rire ? Et sa gaieté masquera souvent une forme de courage. Elle affirmera toujours sa volonté d'honnêteté :

> *Ma vie est tout unie ; ma conduite n'est point dégingandée... J'ai une bonne réputation... Je ne suis plus ni jeune*

« Mme de Maintenant »,
dit Mme de Sévigné.

Le Caquet des femmes. *Jeune Précieuse recevant dans sa ruelle ; remarquons ces coiffures, issues de la mode à la Fontanges, dardant leurs rayons vers le ciel.*

ni jolie ; on ne m'envie point. Je suis quasi-grand-mère ; c'est un état où l'on n'est guère l'objet de la médisance. Quand on a été jusque-là sans se décrier, on peut se vanter d'avoir achevé sa carrière.

Elle a reçu une éducation chrétienne solide qu'elle approfondira au cours de sa vie, une éducation bourgeoise pleine de bon sens, de moralité et de réalisme ; elle a le sens des convenances tout autant que Mme Scarron, future Mme de Maintenon, soulignant que « rien n'est plus sûr qu'une conduite irréprochable ». Sa prudente vertu tient à une sensibilité personnelle renforcée par un mariage décevant, à une certaine fierté dans ce milieu cruel qu'elle connaît bien. Ce ne seront pas les reproches qui manqueront :

« La fortune vous fait de belles avances, ma chère cousine ;

n'en soyez point ingrate. Je vous vois entêtée de la vertu, comme si c'était une chose solide, et vous méprisez le bien, comme si vous ne pouviez jamais en manquer… Il est vrai que vous êtes étrangement révoltée contre les coquettes. Je ne sais si cela vous durera jusqu'à cinquante ans »

insinue Bussy quelque peu dépité. Mais d'aucuns, comme La Fontaine et Saint-Simon, accuseront la marquise d'insensibilité. Elle-même parle de son tempérament de glace : « Je lui avais donné de ma glace dont il se passerait fort bien*. »

Elle fit attendre, jusqu'à les lasser, le comte de Lude, le surintendant Foucquet… Mais le duc de Montausier avait bien attendu treize ans la belle Julie d'Angennes, « Ménalide », fille de la marquise de Rambouillet !

Tout semble donc aller pour le mieux : le mariage de Françoise-Marguerite est une réussite, il ne reste plus qu'à établir Charles, héritier du nom ; Mme de Sévigné est « quasi-grand-mère » mais M. de Grignan, ce provençal, est nommé lieutenant général de Provence par lettre patente, le 29 novembre 1669. Or, le duc de Vendôme vient de mourir et laisse un fils trop jeune pour lui succéder activement comme gouverneur de Provence. Il faudra donc y résider, d'autant plus que le comte est le seul lieutenant général. Il quitte donc Paris en juin 1670 ; mais qu'importe puisque Mme de Grignan, enceinte, reste auprès de sa mère, rue de Thorigny. Mme de Sévigné n'en est point trop chagrinée et peut s'offrir le luxe, sincère, d'être une belle-mère aimable, rassurante, badine et un rien flatteuse :

> *Je veux vous dire que je vous aime toujours très tendrement, et que si cela peut vous donner quelque joie, comme vous me le dites, vous devez être l'homme du monde le plus content. Vous le serez sans doute beaucoup du commerce que vous avez avec ma fille ; il me paraît très vif de sa part. Je ne crois point qu'on puisse plus aimer qu'elle vous aime.*
>
> *Est-ce qu'en vérité je ne vous ai pas donné la plus jolie*

*allégué par Charles de Sévigné, rejeté par Ninon de Lenclos

Dans le Marais, au 8 de la rue de Thorigny d'où partit la comtesse.

femme du monde ? Peut-on être plus honnête, plus régulière ? Peut-on vous aimer plus tendrement ? Peut-on souhaiter plus passionnément d'être avec vous ? Peut-on avoir des sentiments plus chrétiens ? Et peut-on avoir plus d'acharnement à tous ses devoirs ?

S'il y a une petite place de reste dans votre cœur, vous me ferez un plaisir extrême de me la donner, car vous en avez une très grande dans le mien.

Voilà aussi de très beaux airs, en attendant des motets. N'abandonnez point votre voix, n'abandonnez point votre taille ; enfin ne cessez point d'être aimable, puisque vous êtes aimé.

Et la naissance eut lieu : c'était encore une fille alors que M. de Grignan souhaitait tant un fils après avoir « usé » deux femmes et eu deux filles de la première. Cette petite Blanche d'Adhémar qui *ne sera pas d'une beauté surprenante* ne suffira pas non plus à retenir Mme de Grignan :

> *Quelle folie de quitter une si bonne mère, dont vous m'assurez qu'elle est si contente, pour aller chercher un homme au bout de la France ! je vous assure qu'il n'y a rien qui choque tant la bienséance que ces sortes de conduites.*

*nom donné à Monaco… et aux rives de l'Afrique, quand ce n'est pas l'Italie

La belle Madelonne court rejoindre son mari, en plein hiver, à plus de cent cinquante lieues de sa tendre mère, presque en Barbarie*. Le quatre février mil six cent soixante et onze, date cruelle entre toutes, le carrosse de la comtesse s'éloigne sous le ciel sans doute calme et gris de Paris. Et pourtant le tonnerre éclatait dans le cœur de Mme de Sévigné : sa *chère bonne* partait, était partie… cette séparation cristallise tout à coup son amour maternel blessé, déçu, et la jette *toujours pleurant et toujours mourant* vers Sainte Marie, vers ses amies, mais surtout vers ses feuilles de papier. Désormais, celles-ci seront les confidentes, l'exutoire, le révélateur de son sentiment profond, sincère mais contrariant et déchirant : une mère se mourait, une épistolière était née.

Chapitre II

CE DIANTRE DE RHÔNE :

N'EST-CE VRAIMENT QUE DE L'EAU ?

AVANT QUE LA MARQUISE NE L'ABORDE
ELLE-MÊME, LE RHÔNE
CRISTALLISE A TRAVERS SES DANGERS
TOUTES LES ÉMOTIONS, LES *DRAGONS**

*les inquiétudes

d'un amour maternel contrarié. Cette eau qui s'écoule inexorablement est à la fois l'image de son *inclination* pour sa fille, mais aussi une image qui s'éloigne, au fil de l'eau, telle l'Ophélie de Shakespeare. Ce ne sont plus que *carrosses, petites barques* dont la vision s'amenuise tandis que grandit son désespoir.

Elle-même ne fera que trois voyages en Provence : du 13 juillet 1672 au 1er novembre 1673, du 5 octobre 1690 à la mi-décembre 1691 et, enfin, le 11 mai 1694, elle reprend la route pour son troisième séjour à Grignan d'où, le 17 avril 1696, elle s'embarquera pour son « dernier voyage ».

Mais affectivement, elle ne cesse dès le 4 février 1671 de sillonner la France aux côtés de Françoise-Marguerite, vers elle, loin d'elle. Ses lettres couvrent l'espace, tentent de le réduire, de le remplir, de l'apprivoiser pour moins souffrir, pour nourrir cette souffrance. L'échange devient vital : « tout est perdu si je n'écris point à ma mère »,

> *et vous avez raison, mon enfant, il faut nécessairement que j'en reçoive peu ou prou, comme on dit ; il faut que je voie pied ou aile de ma chère fille, et nul ordinaire ne se peut passer sans qu'elle me donne cette consolation. C'est ma vie, c'est manger, c'est respirer.*

Les mots s'envolent, suivent la bise, affrontent les nuages et portent leur chaleur, leur gaieté, les nouvelles des uns et des autres, des questions incessantes, des conseils accablants parfois, tissant ainsi des liens vibrants et indissolubles entre une mère et une fille qui découvrent leur affection et se découvrent aussi :

> *On se trouve fort soulagé quand on a mis sur une feuille de papier tout ce qu'on a sur le cœur,*

avoue Mme de Sévigné. Écrire devient expression de soi mais encore projection de son « moi », de ses idées, une entreprise de séduction pour susciter une réponse, nouer et dénouer, conseiller et convaincre, attirer et posséder. L'écriture court sur le papier à la rencontre de celle qu'on aime et parfois la dépasse :

> *En voilà trop, ma chère bonne, j'admire comme la plume va vite et plus loin qu'on ne veut.*

Mme de Sévigné recon-
naît ne pas avoir le sens
de la géographie, mais
qu'importe, « on ne voit
bien qu'avec le cœur » et
ses humeurs éclairent et
orientent les routes de
Paris, vers Lyon et
Grignan.

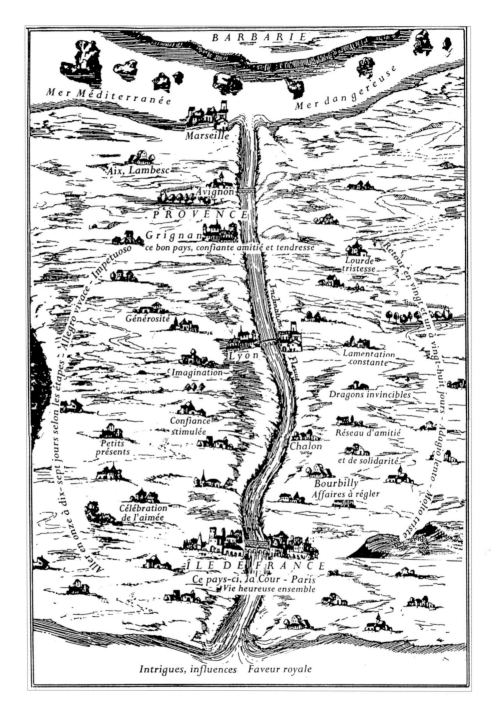

Les « paquets » de Mme de Sévigné vont emprunter des routes dont la poste naissante est responsable et dont il sera tenu une comptabilité minutieuse, exigeante et passionnée. Depuis Henri IV, une organisation officielle est confiée à Fouquet de la Varane pour « faire courre les lettres et paquets du public » et tend à s'en assurer le monopole au détriment des courriers d'université et des courriers du Languedoc, déjà bien organisés.

Un messager au XVIIe siècle.
(Musée de la Poste)

En 1603, on peut considérer que la poste aux lettres, service public d'État, est née. En 1629, cette organisation devient une charge et, en 1636, on compte vingt-sept routes de poste dont onze sur Paris, les autres transversales. Les chevaucheurs, appelés courriers, portent un cornet postal, un pistolet pour se défendre et relient les grandes villes, Paris, Lyon, Marseille, Toulouse, Nantes, Laval... avec régularité. Ils déposent les missives, ou « paquets », au relais de poste signalé par une enseigne représentant un cornet et un croissant de lune. La distribution n'est assurée ni dans les villes ni en dehors de celles-ci. Ce sont donc des piétons qui assurent la distribution, par exemple entre Montélimar et Grignan, Varennes et Vichy... et c'est le destinataire qui règle les frais : le coût d'une lettre par courrier entre Paris et Lyon sera fixé, sous Louvois, titulaire de la charge en 1668, à quatre sols*, et à cinq jusqu'à Toulouse ou Bordeaux. Un piéton se règle au bon vouloir ; mais l'ensemble revenait relativement cher. Il faudra attendre 1849 pour l'invention du timbre-poste.

*un sol = un vingtième de livre ; un pain coûte deux sols et demi

Désormais, le cœur de Mme de Sévigné bat au rythme des arrivées de « paquets » :

> *Vendredi, j'arrivai à Laval ; j'arrêtai à la poste où je devais recevoir votre paquet. Pendant que je discourais à la poste, je vois arriver justement cet honnête homme, cet homme si obligeant, crotté jusqu'au cul, qui m'apportait votre lettre, je pensai l'embrasser.*

Les lettres mettent par « l'ordinaire » quatre à cinq jours de Paris à Lyon, sept à huit jusqu'à Aix et bien douze jours entre Aix et la Bretagne. Ainsi, pour la naissance de Louis-Provence, le 17 novembre 1671, son heureuse grand-mère n'en sera informée que le 29 :

(Musée de la Poste)

*Simon Arnauld, marquis de Pomponne, neveu du Grand Arnauld.

*abbaye de Livry, confiée en commende au *Bien Bon* abbé Christophe de Coulanges, de 1624 à sa mort. Au nord-est de Paris, sur la route de Meaux, près de Pomponne, elle servait de maison de campagne.

La jolie chose d'accoucher d'un garçon, et de l'avoir fait nommer par la Provence ! Voilà qui est à souhait.

Peu à peu, les « malles » qui étaient fixées à l'arrière de la selle du cheval mallier seront confiées à des voitures, ou « brouettes », de relais en relais, avec un postillon fidèle.

Que c'est une belle invention que la poste ! s'écrie notre marquise dont la vie en dépend. Et, fort heureusement, c'est bientôt un ami qui en contrôle le fonctionnement pour la Provence :

Je me réjouis de M. de Pomponne, quand je songe que je pourrai peut-être vous servir par lui... Enfin nous ne pouvions pas souhaiter à cette place un homme qui fût plus de nos amis.*

Pour la Provence, en effet, la poste dépendait du secrétaire aux Affaires étrangères du fait de son récent rattachement à la France.

Les lettres ne sont pas les seules à prendre la route ! que ce soit par la Bourgogne, le Bourbonnais, en provenance de Paris ou des « Rochers » en Bretagne, ou de retour de Provence vers Paris... Mme de Grignan et Mme de Sévigné ont emprunté divers chemins. Mais ce qui va caractériser ces routes, plus que les étapes elles-mêmes, c'est leur « humeur », et de ce fait leur rythme. Comme Mme de Sévigné voyait à Livry* une allée, *l'humeur de ma fille,* sombre, sérieuse et triste et une autre, *l'humeur de ma mère*, fantaisiste et gaie selon les contrastes de leurs goûts et caractères, de même peut-on distinguer trois « routes » différentes :

– la route de ma fille, difficultueuse, angoissante, chargée de toutes les appréhensions d'une pauvre mère qui voit son enfant s'éloigner d'elle ;

– la route de ma mère, facile et rapide, pleine d'allégresse et d'enthousiasme quand *maman-mignonne* va rejoindre sa *chère bonne* en Provence ;

– le chemin de croix d'une mère lorsque, résignée à partir sans sa fille, délaissée, elle retourne à Paris, lentement et tristement.

Un seul cheminement reste identique : le Rhône, vite affronté,

François de Bassompierre avait introduit, en provenance d'Italie, le carrosse équipé de portières et de glaces. Celui-ci se multiplia à Paris et envahit le Cours-la-Reine, séduisant l'élite de l'époque.

étape originale, incontournable, impressionnante comme une épreuve initiatique pleine de mystère et de signification. La belle Madelonne part ; elle est partie ; mandez-moi comment il se peut qu'elle rejoigne ainsi son cher comte ?

Il était *cher* encore hier à Mme de Sévigné, mais aujourd'hui, elle le critique, le gourmande et se veut l'artisan de son propre malheur :

> *Il faut que je vous aime bien pour vous envoyer ma fille par un si mauvais temps.*

Toutes ces lieues à franchir, tous ces dangers à affronter, toutes ces fatigues à vaincre et à surmonter… Son imagination lui fait prendre la route pour prévoir ce qui peut menacer son enfant, pour conjurer et prévenir les obstacles sur sa carte de la Tendresse :

> *Je suis toujours avec vous. Je vois ce carrosse qui avance toujours et qui n'approchera jamais de moi. Je suis toujours dans les grands chemins. Il me semble que j'ai quelquefois peur qu'il ne verse. Les pluies qu'il fait depuis trois jours me mettent au désespoir. Le Rhône me fait une peur étrange. J'ai une carte devant mes yeux ; je sais tous les lieux où vous couchez. Vous êtes ce soir à Nevers, vous serez dimanche à Lyon.*

Que peut-on craindre ? Les pluies bien sûr :

> *Toutes ces rivières sont débordées, tous les grands chemins sont noyés, toutes les ornières cachées... je ne veux pas qu'elle soit noyée.*

Ces routes sont d'autant plus vulnérables, en cas de mauvais temps, qu'elles n'ont aucun revêtement ; elles sont en terre, pleines d'ornières et menacées de chutes de pierres ou d'arbres... Malgré les efforts de Sully, puis de Colbert, elles sont encore bien étroites : au maximum trente « pieds du roi* » – soit dix mètres – à quinze pieds, et le plus souvent un mètre à un mètre et demi.

*un pied du roi = 32,67 cm : c'était celui de Charlemagne

À ces inconvénients matériels, que d'aucuns résolvent en empruntant les champs voisins, au grand dam des propriétaires ou exploitants, s'ajoute l'insécurité : les voleurs guettent les voyageurs et les vagabonds effraient. Les véhicules qui se hasardent sur ces routes empoussiérées sont, à cette époque, les carrosses et les litières qui succèdent aux chariots branlants, charrettes et basternes. L'emploi des essieux est déjà un important progrès et la grosse caisse sera

« Je suis toujours avec vous. Je vois ce carrosse qui avance toujours et qui n'approchera jamais de moi. Je suis toujours dans les grands chemins... »

bientôt soutenue par des sangles, puis des lames flexibles qui amélioreront le confort et réduiront le bruit.

Mais l'amélioration reste imparfaite :

> J'ai transi de vous voir passer de nuit cette montagne* que l'on ne passe jamais qu'entre deux soleils, et en litière. Je ne m'étonne pas, ma chère fille, si vos parties nobles ont été si culbutées.

Des mésaventures identiques touchèrent aussi les dames de la Reine qui, l'accompagnant, en 1678, de Versailles à Bar-le-Duc, furent laissées en chemin, réparties en diverses fondrières*...

Les litières se révèlent plus confortables, permettent de voyager allongé : ce sont de longues caisses à brancards portées par des valets ou des bêtes de somme. Cependant, elles sont moins rapides, donc moins dangereuses. Mme de Sévigné n'aura de cesse de les conseiller à sa fille et demande à son cher ami Guitaut, résidant en son château d'Époisses :

> Vous voudrez bien mener votre litière à Rouvray, et l'obliger à la prendre pour la mener jusqu'à Chalon. Ce sera une commodité pour elle, qui lui conservera la vie...

Les cochers de carrosses sont trop souvent tentés d'aller trop vite, comme celui de l'archevêque de Reims, si bien moqué par Mme de Sévigné :

> L'archevêque de Reims revenait hier fort vite de Saint-Germain. C'était comme un tourbillon. S'il se croit grand seigneur, ses gens le croient encore plus que lui. Ils passent au travers de Nanterre, tra, tra, tra. Ils rencontrent un homme à cheval, gare, gare. Ce pauvre homme se veut ranger ; son cheval ne le veut pas. Et enfin le carrosse et les six chevaux renversent par-dessus tête le pauvre homme et le cheval, et passent par-dessus et si bien par-dessus que le carrosse en fut versé et renversé.

D'autres progrès se révèlent aussi dangereux : François de Bassompierre, favori de Henri IV, avait introduit, en provenance

LYON

Vue de Lyon au XVIIe siècle. (Compagnie nationale du Rhône)

d'Italie, le carrosse équipé de portières et de glaces. Celui-ci se multiplia à Paris et envahit le Cours-la-Reine, séduisant l'élite de l'époque. Et savez-vous ce qui arriva ?

Savez-vous l'histoire de Mme de Saint-Pouange ? On me l'a longtemps cachée de peur que je ne voulusse pas revenir à Paris en carrosse. Cette petite femme s'en va à Fontainebleau, car il faut profiter de tout. Elle prétend s'y bien divertir. Elle y a une jolie place. Elle est jeune ; les plaisirs lui conviennent ; elle a même la joie de partir à six

33

*heures du soir avec bien des relais pour arriver à minuit ;
c'est le bel air. Voici ce qui l'attend. Elle verse en chemin,
une glace lui coupe son corps de jupe et entre dans son corps
si avant qu'elle s'en meurt.*

A ces accidents de la route s'ajoute l'inconfort des auberges, mais un
« lit portatif » fera l'affaire grâce à Adhémar :

*Je n'ai vu Adhémar qu'un moment. Je m'en vais lui écrire
pour le remercier de son lit ; je lui en suis plus obligée que
vous. Si vous voulez me faire un véritable plaisir, ayez soin
de votre santé, dormez dans ce joli petit lit, mangez du
potage, et servez-vous de tout ce courage qui me manque.*

Après avoir pris son potage, est-ce qu'un peu de chocolat serait
bénéfique ?

*Mais vous ne vous portez point bien, vous n'avez point
dormi ? Le chocolat vous remettra. Mais vous n'avez point de
chocolatière ; j'y ai pensé mille fois. Comment ferez-vous ?*

Et êtes-vous seulement bien habillée ? chaudement ?

Si vous aviez un petit manteau fourré, elle aurait l'esprit en
repos.*

*Mme du Puy du Fou qui en parlait à Mme de Sévigné

Et votre chère mère aussi… La santé est importante, mais la situation importe aussi :

*Quels habits aviez-vous à Lyon, à Arles, à Aix ? Je ne vois
que cet habit bleu ; vos hardes n'auront point été arrivées…
Nous vous enverrons aussi les galons que vous avez com-
mandés, car il ne faut pas que le domestique soit déguenillé.*

Tant de sollicitude inquiète peut paraître déplacée, importune,
pénible à une jeune femme heureuse, déjà mère d'une toute petite
fille, et qui court rejoindre son époux. Mme de Sévigné manifeste
une grande incompréhension pour une telle attirance, teintée d'une
certaine jalousie, et cela lui fait prendre le rôle de Dame Paresse*
pour exprimer pudiquement son sentiment d'abandon et ses
craintes :

*la paresse de Françoise-Marguerite avait souvent été soulignée dans sa jeunesse

Elle souffre, elle se retire dans quelque petit cabinet, elle meurt de peur de ne plus retrouver sa place ; elle vous attend dans quelque moment perdu pour vous faire au moins souvenir d'elle et vous dire un mot en passant. « Hélas, dit-elle, mais vous m'oubliez. Songez que je suis votre plus ancienne amie ; celle qui ne vous ai jamais abondonnée, la fidèle compagne de vos plus beaux jours ; celle qui vous consolait de tous les plaisirs, et qui même quelquefois vous les faisait haïr ; celle qui vous ai empêchée de mourir d'ennui et en Bretagne et dans votre grossesse. Quelquefois votre mère troublait nos plaisirs, mais je savais bien où vous reprendre. Présentement je ne sais plus où j'en suis ; la dignité et l'éclat de votre mari me fera périr, si vous n'avez soin de moi. »

Ce dernier cri était-il souligné, marqué d'une *petite raie**? car dit-elle :

Il est vrai que j'aime mes petites raies. Elles donnent de l'attention. Elles font faire des réflexions, des réponses. Ce sont quelquefois des épigrammes, des satires...

Et là, c'était une prosopopée. *Je pense tout mais je n'y vois goutte.*

« *Il nous semble que M. de Grignan est venu au-devant de vous au Saint-Esprit...* »
Pont Saint-Esprit, le seul pont de pierre entre Lyon et Avignon.

Alors son imagination fertile continue son ouvrage :

> *Il nous semble que vous arrivâtes samedi à Arles ; il nous semble que M. de Grignan est venu au-devant de vous au Saint-Esprit* ; il nous semble qu'il a été ravi de vous revoir et de vous ravoir ; il nous semble que vous avez fait comme mercredi votre entrée à Aix ; et puis il nous semble que vous êtes bien lasse… Reposez-vous, au nom de Dieu, tenez-vous au lit, restaurez-vous, et contez-moi bien l'état où vous êtes.*

*pont Saint-Esprit

Toutes ces recommandations, cette litanie de *dragons* invincibles, s'atténueront avec les fréquents voyages de la comtesse. Seuls les soucis de santé resteront constants.

Mais en matière de voyage, le sentiment d'aventure périlleuse cesse dès que ce n'est plus Mme de Grignan qui emprunte les chemins. Au contraire, la « route de ma mère » devient exaltante et pleine de fantaisie avec les premiers projets.

Ci-contre, cette gravure de Pérelle décrit bien les embarcations au XVIIᵉ siècle ; et cette vue pleine de fantaisie n'est pas sans rappeler le défilé de Donzère.

> *Ne peut-on envisager de partir avec les galériens ? Hier au soir, je perdis une belle occasion… Je rencontrai la chaîne des galériens qui partait pour Marseille. Ils arriveront dans un mois ; rien n'eût été plus sûr que cette voie. Mais j'eus une autre pensée ; c'était de m'en aller avec eux. Vous les verrez arriver, et vous auriez été fort agréablement surprise de me voir pêle-mêle avec une troupe de femmes qui vont avec eux.*

C'eût été un joli spectacle en effet que Marie de Rabutin Chantal enchaînée sur le vieux port de Marseille, devant l'arsenal, appelant à travers ses larmes de joie la digne comtesse de Grignan, escortée des notables de la ville…

Et l'*hippogriffe** qu'elle envisageait d'enfourcher pour aller deviser avec le comte de Guitaut ne ferait-il point l'affaire ? Une marquise ayant l'hippogriffe à son commandement peut bien se permettre une chevauchée vers la Provence, à la recherche de son Angélique*, et se poser élégamment sur la terrasse du château de Grignan :

*cheval et griffon

*héroïne de l'Arioste dans le *Roland furieux*

> *Quand vous verrez la date de cette lettre, mon cousin, vous me prendrez pour un oiseau,*

37

Le château de Bussy où Mme de Sévigné aurait pu vérifier les bonnes places et les bonnes légendes de ses portaits, au salon et dans la chambre du comte...

écrit-elle à Bussy-Rabutin lors de son second voyage, qualifié *d'outre-mer* parce qu'elle est passée directement de Bretagne en Provence, sans être le moins du monde fatiguée. Pour elle, tout est simple, rapide, dix-sept jours pour aller de Paris à Grignan, trois semaines en partant de Bretagne et dans l'allégresse.

Cependant, le premier déplacement *nécessaire à sa vie* sera retardé. La providence, souvent cruelle avec elle, la retiendra, toute piaffante, auprès de son fils Charles, le *frater* qu'elle aime tendrement et qui a besoin d'être établi, d'acquérir son équipage comme guidon* des Gendarmes-Dauphin :

*grade dans le régiment

> *Vous me dites que je pleure, et que je suis la maîtresse... Mais ne croyez pas que je sois tout à fait la maîtresse de partir, quand je le voudrai. Je voudrais que ce fût demain, par exemple ; et mon fils a des besoins de moi très pressants présentement. J'ai d'autres affaires pour moi...*

Après son *pauvre enfant*, les affaires pressantes de Bretagne, qui l'entraînent à trois cents lieues :

*L'Yonne à Auxerre aujourd'hui :
Pas si vite ! patience ! même
en brûlant les étapes : Auxerre,
Autun, Alonne...*

> *Ce n'est pas assez d'être à deux cents lieues de vous ; il faut
> que je sois à trois cents... C'est trop ; cela me serre le cœur...
> Quelle rage de prendre un chemin opposé à celui de son
> cœur !*

Une épreuve plus difficile l'attend, alors qu'elle avait déjà *le pied en
l'air*. Sa tante Henriette de La Trousse, qui l'avait chaperonnée pendant ses sorties de « jeune veuve », et pour qui elle nourrit une solide
affection, se meurt de douleur et d'hydropisie.

L'épreuve sera longue, trois longs mois, où l'on répète : *Il est question de partir*, où l'on *se prépare tous les jours* :

> *Mes habits se font... Je fus hier lever pour bien de l'argent
> d'étoffes chez Gautier, pour me faire belle en Provence. Ma
> bonne, je ne vous ferai nulle honte ; vous verrez un peu
> quels habits je porterai. Je trouvai la plus jolie jupe du
> monde, à la mode, avec un joli manteau. Tout l'univers ne
> m'empêcherait pas de vous faire ce petit présent.*

Le carrosse précédent s'étant usé sur les routes de Bretagne, elle n'hésite pas à en acquérir un autre, plus résistant et attelé de six chevaux :

> *Je viens d'acheter un carrosse de campagne, suffisamment confortable et résistant pour supporter les routes difficiles en Bourgogne et transporter la petite troupe : nous sommes cinq, comptez là-dessus notre Abbé, La Mousse*, deux femmes de chambre, et moi.*

*l'abbé Pierre de La Mousse, familier des Coulanges

Une véritable délégation en ambassade en Provence, et avec quelles appréhensions ! Le *Bien Bon*, l'abbé Christophe de Coulanges, oncle de Marie de Rabutin Chantal, est son homme de confiance depuis la mort d'Henri de Sévigné, mais il craint les fatigues du voyage, la chaleur… Heureusement :

> *Il a eu le courage de se moquer de tous ces discours, et Dieu l'en a récompensé par un temps à souhait. Il n'y a point de poussière, il fait frais et les jours sont d'une longueur infinie. Voilà tout ce qu'on peut souhaiter.*

En ce mois de juillet 1672, nos aventuriers sont en effet récompensés de leur longue attente et de leur audace, car les dangers d'une telle expédition ne résident pas seulement dans les aléas du temps, mais aussi dans la faune, aussi petite soit-elle ! et *notre Mousse prend courage,* lui qui *a été un peu ébranlé des puces, des punaises, des chemins, des scorpions et du bruit qu'il trouvera peut-être.* Ce prêtre et docteur en théologie, familier des Coulanges, dont on pense qu'il était un fils naturel de Philippe Ier, s'affole de ces *humilités glorieuses* et, à défaut de vaccination – inexistante certes à cette époque – réclame de l'huile de scorpion pour vaincre le dangereux venin. L'un est heureux d'aller rejoindre sa nièce, le second de retrouver celle dont il fut le précepteur. Aux côtés de Mme de Sévigné, deux femmes de chambre, sans doute Hélène Delan, très proche et fidèle confidente qui a connu Françoise-Marguerite jeune, et Marie, qui succédera à Hélène vers 1690, après la mort de celle-ci.

Enfin, ma fille, nous voilà… Pas si vite ! patience ! même en brû-

Abbé en manteau long (fin du XVIIe siècle).

Louis XIV fit effectivement s'exercer ses mousquetaires en Bellecour.

« Chalon, la Saône, Lyon, me voilà à Grignan : ce n'est pas une affaire que cela. » (carte extraite de La Géographie universelle du Sieur de La Croix, *(1757)*

lant les étapes : Auxerre, Autun, Alonne, Montjeu, *Chalon, la Saône, Lyon, me voilà à Grignan : ce n'est pas une affaire que cela.* Il faudra bien s'arrêter, à Alonne pour y rencontrer Mme de Toulongeon, à Montjeu chez M. Jeannin, malheureusement pas au château de Bussy où elle aurait pu vérifier les bonnes places et les bonnes légendes de ses portraits, au salon et dans la chambre du comte ! Mais le cher cousin Bussy n'y était point pour lui en faire les honneurs !

> *Si vous n'aviez point été à Dijon occupé à voir perdre le procès du pauvre comte de Limoges, vous auriez été en ce pays quand j'y suis passée.*

Quelle bonne occasion d'épanouissement de rate c'eût été ! Enfin elle atteint Lyon, et là, accueillie à bras ouverts par de proches parents, elle sera obligée de rester du 25 au 29 juillet, prisonnière des civilités qu'on lui fait :

On me promène, on me montre ; je reçois mille civilités. J'en suis honteuse ; je ne sais ce qu'on a à me tant estimer. Je voulais partir demain...

Elle retrouve là deux familles alliées : Mme de Coulanges, sa cousine, fille de l'intendant du Lyonnais du Gué-Bagnols ; et Mme de Rochebonne, sœur du comte de Grignan. Comment oser leur déplaire par quelque impatience à rejoindre son *idole*? Logée chez le chamarier* de Rochebonne, près du cloître de l'église Saint-Jean, à l'angle de la rue de la Bombarde et de la rue Saint-Jean, elle est ainsi très proche du quai des Célestins où abordaient les bateaux de la Saône et d'où repartaient les bateliers du Rhône.

Les Rochebonne habitaient le château de Theizé, qu'elle ne semble pas avoir connu, et que Philippe-Emmanuel de Coulanges qualifie de « plus triste château de France » malgré « une très belle vue » et une charmante hôtesse, Thérèse de Grignan, que Mme de Sévigné considère comme persécutée par son mari à cause de ses nombreuses grossesses. Elle condescend tout de même à faire *la paix avec M. de Rochebonne* dans l'état de grâce de son premier séjour.

Actuellement « Maison des avocats » près du cloître de l'église Saint-Jean, à l'angle de la rue de la Bombarde et de la rue Saint-Jean, près de la maison du chamarier.

La maison Du Gué se situe non loin du pont de bois de l'archevêché...

Trois beaux rangs d'arbres la prennent de bout en bout, et forment deux longues allées... les marronniers ont remplacé les « tillots » et seul le clocher de la Charité subsiste et veille, témoin séculaire.

*actuellement hôtel de justice, rue colonel Chambonnet

*dans ses *Mémoires*, il y voyait une place d'armes (1635)

Elle dîne et soupe chez les Du Gué*, dont la maison se situe non loin du pont de bois de l'archevêché menant de la place Bellecour à la cathédrale Saint-Jean. La Grande Mademoiselle, qui y avait logé en 1658, lors de l'entrevue matrimoniale de Louis XIV et de la princesse Marguerite de Savoie, avait disait-elle *vue sur la rivière et la montagne qui est à Lyon* et y entendait, outre les cloches de Saint-Jean, celles du couvent des Célestins.

La place Bellecour, récemment aménagée sur les conseils d'Henri IV*, et grâce à l'achat du consulat qui évita ainsi que le terrain ne soit loti, est le centre de la vie lyonnaise. Certains n'hésitent pas à la comparer au Champ-de-Mars à Rome, pour ses dimensions qui permettent d'« y ranger plusieurs régiments ». Elle « est revêtue d'un gazon toujours vert... Trois beaux rangs d'arbres la prennent de bout en bout, et forment deux longues allées dont l'adresse et la force du meilleur bras ne peut gagner la longueur en deux coups de mail... »

« Je m'en vais, hors du grand chemin, vers Bourbilly... »

Louis XIV fit effectivement s'exercer ses mousquetaires en Bellecour, et les fameux « tillots* » y abritaient jeux, plaisirs et musique. Mme de Coulanges, Marie-Angélique Du Gué, qui était jolie et surtout pleine de gaieté et d'esprit, aime s'amuser et parle des « violons de Bellecour ». Certains y voient aussi un hôtel de Rambouillet* :

> « On y voit abonder mille faiseurs de vers*
> De sonnets, de rondeaux et d'ouvrages divers
> Que toute la place en est pleine.
> Après eux, faiseurs de romans,
> Assez sujets à la migraine,
> Viennent, accompagnés d'une troupe d'amants* »

Nul doute que la venue en ces lieux d'une Mme de Sévigné, bien connue des Précieuses de l'époque comme Mlle de Mailly, Mme Solus, Mme Carle... qui gravitent autour du « charmant » marquis de Villeroy, n'ait entraîné un ardent désir de la rencontrer.

Mme de Sévigné repassera obligatoirement par Lyon à son retour, et à trois reprises encore, mais ne s'étend guère sur cette ville plaisante, relativement importante encore, avec environ cent dix-sept mille habitants. L'essor de la ville sera brisé par le contrecoup des difficultés financières du royaume. Mais pour notre mère impatiente,

*tilleuls, remplacés aujourd'hui par des marronniers

*la place Bellecour est comparée à l'hôtel de Rambouillet

*notamment P. Ménestrier, cité par A. Champdor

*Vieilles Chroniques lyonnaises, d'Emmanuel Vingtrinnier

ce n'est qu'un relais, qu'une étape obligée et elle y reviendra sans que l'on en ait d'écho important.

Le retour... Ah! quel morne chemin pour une triste voyageuse! Certes, pas un violon, pas un son de l'une des onze cloches de Saint-Jean, pas un rigodon sous les « tillots » ne pourront soulager la nostalgie d'une pauvre mère, déçue de repartir sans les Grignan, sans sa fille. C'est un véritable chemin de croix que ces étapes de l'absence après qu'elle ait séjourné quatorze mois à Grignan et en Provence.

Tout respire la tristesse : l'eau, à deux lieues de Montélimar, envahit le carrosse, et malgré l'accueil chaleureux de M. de Valence et de ses nièces, puis celui des Lyonnais proches des Grignan, le désert de ce petit chien de village*, à six lieues de Lyon, met un comble au désespoir de Mme de Sévigné. Mais eût-il été animé, habité, plaisant, l'aurait-elle vu? En ce mois d'octobre 1673, le poids de son chagrin est tel qu'il pèse sur ses épaules, ternit la lunette de son regard, occulte tout ce qui l'entoure et pourrait ruisseler sur les vitres de son carrosse.

*il s'agit du lieu-dit Riottier, entre Lyon et Mâcon

A partir de Chalon, elle se dirige vers « sa » Bourgogne, *je m'en vais hors du grand chemin* vers Bourbilly, Époisses, Auxerre. C'est l'heure du retour et des retours aux sources et sur soi-même :

Cette douloureuse remontée de la Saône l'amènera de Riottier sous ce pont de Mâcon, puis à Chalon d'où elle rejoindra, en carrosse, sa Bourgogne.

Enfin ma bonne, j'arrive présentement dans le vieux château de mes pères. Voici où ils ont triomphé suivant la mode de ce temps-là. Je trouve mes belles prairies, ma petite rivière, mes magnifiques bois et mon beau moulin à la même place où je les avais laissés.

A Bourbilly donc, qu'elle a eu en héritage mais qui n'est plus habité depuis la mort de son père et dont on a vendu tous les meubles, les terres sont exploitées par un fermier qui est plutôt un intendant, La Maison à cette date, à qui elle signe un bail et qui occupe une partie du château.

En ce vallon du Serein, elle n'a pas beaucoup de souvenirs personnels ; son enfance s'est surtout déroulée place Royale ou à Sucy-en-Brie chez les Coulanges à qui, orpheline, elle était confiée. Mais c'est une terre patrimoniale qui compte pour elle, *cela tient dans la moelle de mes os*, et dont elle cultive le souvenir dans sa correspondance avec Bussy-Rabutin. C'est là que sa grand-mère Jeanne Frémyot de Chantal abandonna ses enfants, dont son père encore jeune, pour fonder l'ordre de la Visitation en 1610. Elle fut cano-

Époisses : ce merveilleux château, cerné de fortifications et de douves, actuellement en gazon, où plane le souvenir du grand Condé.

nisée en 1767 sous le nom de sainte Jeanne de Chantal. A Lyon, Mme de Sévigné plaisante en appelant saint François de Sales son *grand-père,* lui qui partagea avec sainte Jeanne de Chantal cette fondation de l'ordre. Mort à Lyon, son cœur était resté au monastère de la Visitation de Lyon-Bellecour :

> *Vous m'attendrissez en me parlant du cœur de ma grand-mère ; il avait été rempli de l'amour de Dieu. Vous aurez trouvé celui de mon grand-père, à Lyon, marqué de la même marque. Ces bonnes personnes-là doivent bien prier Dieu pour nous !*

A Bourbilly, elle règle essentiellement ses revenus en se plaignant des difficultés rencontrées dans la mévente du blé et rendant célèbre sa formule *crier famine sur des sacs de blé.* Ces soucis deviendront un sujet lancinant de ses dernières années de correspondance avec le comte de Guitaut, puis, après la mort de celui-ci, avec sa femme. Ses affaires achevées, elle se réfugie à Époisses, à huit kilomètres de là, auprès de son ami Guitaut, avec qui elle peut tout à loisir célébrer son *idole**, rire, causer, et aussi boire gaiement. C'est en 1677 que son hôte lui-même, dans une lettre à Mme de Grignan, l'accuse gentiment de trop goûter le Bourgogne :

> « Je finis par là, en vous assurant pourtant qu'à l'heure qu'il est, votre "bonne" est entre deux vins. Adieu l'eau de Vichy. Je ne crois pas, si elle continue, qu'elle doive y aller ; ce serait de l'argent perdu. »

Mais ces folles libations lui eussent paru insensées, en 1673, alors qu'elle pansait encore son pauvre cœur blessé. Elle trouva à Époisses, en ce merveilleux château, cerné de fortifications et de douves, où plane le souvenir de Condé parmi tant d'autres hôtes illustres, un vrai réconfort. Très admirative, à juste titre, et non sans un certain regret en pensant aux difficultés des Grignan, elle s'extasie :

> *Cette maison est d'une grandeur et d'une beauté surprenante ; M. de Guitaut se divertit fort à la faire ajuster, et y dépense bien de l'argent.*

LE Cte DE GUITAUD.

Au terme d'un long voyage de quatre semaines, dont elle a consacré un long moment à ses affaires : *j'ai été neuf jours entiers en Bourgogne*, après avoir atteint Moret-sur-Loing, Mme de Sévigné rejoint Paris, le 1er novembre, recueillie par son cousin M. de Coulanges et vite entourée de ses proches amis. Mais son cœur est ailleurs et son esprit échaffaude déjà les plans nécessaires à la venue à Paris de M. et Mme de Grignan, dont elle prétend que tout le monde parle. Cette route « chemin de croix » s'achève à peine qu'elle *repart* auprès de sa *bonne* pour l'inciter à venir la rejoindre.

De Paris à Lyon ou inversement, comme de Bretagne à Lyon, les trajets peuvent être différents selon la provenance, l'état des routes, les voies d'eau – notre belle Loire – et surtout les hôtes dont l'accueil réchauffe notre pèlerin sur le chemin de sa dévotion. Mais de Lyon à Grignan, il n'y a vraiment que le Rhône, incontournable, *ce diantre de Rhône*. Il apparaît divers selon l'humeur de Mme de Sévigné, comme l'étaient les routes.

Quand Mme de Grignan voyage :

> *Le Rhône me fait une peur étrange...*

Vous avez passé ce diantre de Rhône, si fier, si orgueilleux, si turbulent : il faut le marier à la Durance : ah ! le bon ménage !

Mon Dieu ! ma chère bonne, quelle pensée que celle que ce Rhône, que vous combattez, qui vous gourmande, qui vous jette où il veut ! Les barques, ces cordages, ces chevaux qui vous abîmaient dans un instant s'ils eussent fait un pas : ah, mon Dieu ! que tout cela me fait mal ! Un bon patron vous eût mis à couvert dès qu'il aurait vu la bise si mutine.

C'est une véritable litanie pour exorciser peut-être cette divinité terrible, diabolique, capable d'engloutir des vies et Mme de Sévigné le compare au *Temple de la Mort* de Philippe Habert :

Le pont d'Avignon vu du haut des jardins des Doms.

Cette gravure du début du XIXᵉ siècle représente une barque semblable à celle empruntée par Mme de Grignan sur le Rhône en Avignon ; remarquons la grande dimension du gouvernail permettant de se diriger à travers les courants.

« Mille sources de sang forment cette rivière
Qui traînant des corps morts et de vieux ossements,
Au lieu de murmurer, fait des gémissements. »

Il lui paraît d'autant plus diabolique qu'il semble plaire à Mme de Grignan malgré les difficultés rencontrées par de nombreux voyageurs comme Voiture ou Mlle de Scudéry. De plus, le pont Saint-Bénézet avait déjà eu trois arches endommagées en 1669 et 1670. Malgré les conseils de descendre au pont Saint-Esprit, en dépit de toutes les appréhensions d'une si vive imagination, d'un si tendre cœur, eh bien non ! Mme de Sévigné n'a pas prévu le pire et n'a pas écrit : il nous semble que vous avez manqué périr au pont d'Avignon, victime du mauvais temps et de l'impétuosité du fleuve, mais aussi… de l'inconscience de M. de Grignan !

Ah ! ma bonne, quelle lettre ! quelle peinture de l'état où vous avez été ! et que je vous aurais mal tenu ma parole, si je vous avais promis de n'être point effrayée d'un si grand péril ! Je sais bien qu'il est passé, mais il est impossible de se représenter votre vie si proche de sa fin, sans frémir d'horreur. Et M. de Grignan vous laisse conduire la barque ! et quand vous êtes téméraire, il trouve plaisant de l'être encore plus que vous ! Au lieu de vous faire attendre que l'orage fût passé, il veut bien vous exposer, et vogue la galère ! Ah mon Dieu ! qu'il eût été bien mieux d'être timide, et de vous dire que si vous n'aviez point de peur, il en avait, lui, et ne souffrirait point que vous traversassiez le Rhône par un temps comme celui qu'il faisait ! Que j'ai de la peine à comprendre sa tendresse en cette occasion ! Ce Rhône qui fait peur à tout le monde ! Ce pont d'Avignon où l'on aurait tort de passer en prenant de loin toutes ses mesures ! Un tourbillon de vent vous jette violemment sous une arche ! Et quel miracle que

Attelage de chevaux faisant le service des remontées de bateaux sur le Rhône entre Valence et Tournon.
(Huile sur toile d'Alexandre Dubuisson conservée au musée des Beaux-Arts de Lyon)

vous n'ayez pas été brisée et noyée dans un moment ! Ma bonne, je ne soutiens pas cette pensée ; j'en frissonne, et m'en suis réveillée avec des sursauts dont je n'en suis pas la maîtresse. Trouvez-vous toujours que le Rhône ne soit que de l'eau ?

La responsabilité de M. de Grignan, qui ne pouvait l'ignorer, n'en était que plus lourde. Son frère, le Coadjuteur, accompagnait Françoise-Marguerite et partage la condamnation qu'en fera la Reine : « Vraiment ils ont grand tort » s'exclame-t-elle au récit des mésaventures de la « bien échappée des périls du Rhône ».

Et *ce cher Comte mérite-t-il que je lui dise un mot ?* reproche Mme de Sévigné à celui qui lui a pris sa fille, l'infortunée princesse Micomicona*, qu'il tient enfermée à deux cents lieues d'elle et dont il a risqué la vie.

*héroïne du *Don Quichotte*

Avec prudence, et moins de nécessité, Mme de Sévigné ne s'aventurera pas quant à elle jusqu'à ce terrible pont. Et plus paisiblement, comme le dit la chanson de son cousin Emmanuel de Coulanges :

« Enfin j'abandonne Lyon
Et les rives de la Saône ;
Enfin me voici tout de bon
Embarqué sur le Rhône :
J'ai déjà passé comme un trait
Vienne, Tournon, Valence ;
Je vois le port de Robinet*
J'approche de Provence. »

*L'origine de ce nom en serait non par l'étroitesse du passage, mais la tuilerie d'un certain Robinet Berton, sise là. (Selon André Chenivesse dans *Recherches donzéroises*, 1993)

La voie d'eau, qui se révèle souvent plus sûre et plus rapide que la voie terrestre au XVIIe siècle, comporte là, sur le Rhône, des risques plus importants. Aux dangers de l'eau, animée d'un fort courant, agitée par la bise, hérissée de rochers et entrecoupée de bancs de sable, s'ajoutent ceux des rives instables où se trouvent les chemins de halage.

Depuis la plus haute Antiquité, le fleuve est utilisé pour aller d'une rive à l'autre par des « utriculaires* » guidant les animaux mais aussi les marchandises et les personnes sur de larges radeaux sou-

*du latin *utriculus*, petite outre

52

Le pont de la Guillotière et la chapelle du Saint-Esprit, au milieu du XVIIIᵉ siècle.

tenus par des outres gonflées d'air, ou des barques. Il leur arrive parfois de porter des passagers sur leur dos comme les « gafferous* » de Montélimar, leur évitant ainsi de payer le péage du pont d'Aygu ou de celui du Fust. Au XVIIᵉ siècle, il n'existe que trois ponts de pierre sur le Rhône, celui de la Guillotière à Lyon, celui de Pont-Saint-Esprit, enfin le pont Saint-Bénézet dont on connaît les dégradations. Ailleurs, ce ne sont que des ponts de bois bien souvent emportés par les eaux.

Dans le sens du fleuve, la descente ou « décize » au fil du courant posait peu de problèmes ; il fallait cependant éviter les bancs de sable, dont les emplacements se modifiaient constamment, mais aussi les moulins flottants, nombreux le long des berges près des villages ou des villes riveraines. Les cris de « pique Riaume* », « pique Empéri* » retentissaient et Alphonse Daudet les évoquera encore,

« Je vois le port de Robinet, j'approche de Provence. » A cet endroit, ce pont suspendu remplace l'antique bac à traille dont il reste des traces.

syllabes énergiques, au son provençal, emportées par le vent du Rhône.

La « remonte » qui affrontait la force du courant nécessitait habileté et force des mariniers, bateliers, qu'ils soient condrillots*, ou de Vernaison, Serrières… ou d'Arles.

*habitants de Condrieu

> « C'est une race d'hommes robustement musclée,
> Gaillards et braves, les condrillots ! Toujours
> Debout sur les radeaux et les sapines. »

s'extasiera Frédéric Mistral*. Ces mariniers formaient un train de barques dirigé par un patron qui commandait au porte-voix. La barque du patron portait en poupe la croix des mariniers avec les instruments de la Passion*, surmontée d'un coq dont le chant symbolique empêchait les navigateurs de s'endormir. Les croix portaient des couleurs vives, rouge, bleu, mais aussi blanc. Saint Nicolas, considéré comme le sauveur des tempêtes, est le saint patron des mariniers et son culte est omniprésent le long du fleuve.

*dans *Le Poème du Rhône*

*Passion du Christ

Pour remonter ces bateaux, cinquante à cent chevaux de trait tirent à partir du chemin de halage : les mariniers les choisissent de grande taille, ardennais, percherons, boulonnais et limousins, car ils

54

Vestiges d'une chapelle des mariniers à Robinet.

*le Rhône l'a été depuis 1933 par la Compagnie nationale du Rhône

*lône : *lono* en provençal, bras de rivière

sont souvent contraints de marcher dans l'eau. Jalonnant le trajet, des « auberges d'eau » (du Radelier, de la Surelle, de Bel...) accueillaient les mariniers et voyageurs autour du feu de leur vaste cheminée et les revigoraient avec la « grillade des mariniers », composée de viande de bœuf, d'oignons, de pommade d'ail, d'huile d'olive et des anchois de Collioure. Pendant ce temps, les bêtes pouvaient être pansées dans de vastes écuries où les chevaux se nourrissaient du « civado » (de l'avoine) apporté par la « civadière ».

Mais la marquise de Sévigné ne semble pas avoir connu ces lieux pittoresques, qu'elle aurait conté comme les « pouillers » des bords de Loire ou de Saône. Son trajet était plus court :

> *Je ne partirai donc que vendredi matin, nous irons coucher à Valence. J'ai de bons patrons... Je serai samedi à une heure après midi à Robinet.*

Dans sa hâte d'arriver, elle ne décrit pas non plus les paysages un peu sauvages de ces bords du Rhône, non encore domptés*. La végétation était luxuriante, envahissante, appelée *vorgines* dans la région lyonnaise. Les rives étaient instables, soumises aux inondations, et de multiples bras isolaient des bancs de sable, instables aussi, créant des « lônes* » que l'on peut voir encore dans la région d'Ancône notamment. La faune non plus n'apparaît pas, ni les loutres et castors, ni les sauvagines, fauvettes et milans noirs, pas même ces sacrés moustiques ou *cousins* !

Notre héroïne n'affrontera pas non plus les terribles ponts Saint-Esprit ou Saint-Bénézet, elle vogue sur le Rhône, les yeux fixés sur la ligne bleue de l'horizon dans son impatience d'arriver à Robinet. Là, enfin, sa *chère bonne* sera là pour l'accueillir et il n'y aura plus que quatre lieues à franchir pour atteindre Grignan : adieu les routes, adieu bateaux, adieu le Rhône, allons en carrosse sur les étroits chemins vers le château d'Apollidon.

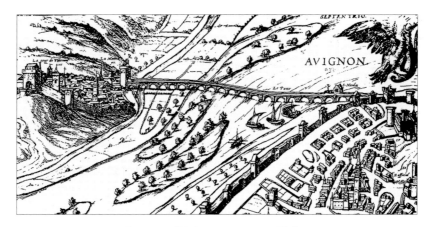

Le pont d'Avignon au XVIᵉ siècle.
(document Compagnie nationale du Rhône)

Chapitre III

LE CHÂTEAU D'APOLLIDON

LES QUATRE LIEUES QUI SÉPARENT LE
PORT DE ROBINET DE LA DEMEURE DES
GRIGNAN VONT VITE ÊTRE ENGLOUTIES
DANS LA POUSSIÈRE DES CARROSSES

et dans le désordre des paroles retrouvées : *je trouve,* disait Mme de Sévigné à son ami Pierre Lenet, *qu'une heure de conversation vaut mieux que cinquante lettres.*

On imagine sans peine la mère et la fille enfin réunies et échangeant des propos vifs, entrecoupés d'exclamations, aiguisés par l'émotion. Les mots et les rires fusent en cet après-midi de juillet, sous la chaleur accablante de la Provence. Car, bien que nous soyons aux limites septentrionales de cette province, le climat et la végétation sont déjà très nettement méridionaux. Et, sous les yeux émerveillés de nos cinq voyageurs, apparaît enfin le *royal château d'Apollidon,* sous l'un de ses meilleurs aspects, sinon sous son meilleur éclairage. Il eût été préférable d'arriver vers la fin de l'après-midi, lorsque le soleil déclinant darde ses rayons colorés sur cette façade ouest et que l'air, plein de douce luminosité, fait vibrer une grande variété de tons qui s'affadissent sous le plein soleil. Le château se détache alors sur le fond presque mauve des montagnes de la Lance, il apparaît comme un joyau serti en ses hautes murailles et regroupe à ses pieds les maisons d'un village qui semble se nicher sous sa protection. Quel plus bel écrin pour sa chère *Madelonne !*

Nous voilà donc *au château royal de Grignan,* cette adresse qui, souligne malicieusement Mme de Sévigné à son cousin Coulanges, *ne vous a brouillé avec personne !* Ce château saisit aussitôt par son évidente originalité, son architecture Renaissance, plus proche des résidences royales des bords de Loire que des forteresses féodales de Provence, malgré sa situation d'oppidum. Mais pourquoi Apollidon ? C'est encore une image de Philippe-Emmanuel de Coulanges qui, se référant à un roman espagnol, adapté et publié au début du XVIe siècle, le compare au palais enchanteur que fit édifier le chevalier Apollidon pour sa jeune épouse Grimanese. Et, dès le 21 juin 1671, Mme de Sévigné, encore aux Rochers, libelle son *paquet: Pour ma très bonne et très belle, dans son château d'Apollidon,* tant elle est séduite par les descriptions de sa fille :

> *Je vous y vois, je vous y trouve. Pour Grignan, je le vois aussi, mais vous n'avez point d'arbres (cela me fâche), ni de*

Le grand portail franchi, ils débouchent dans la grande cour, ou cour d'Honneur, devant la grande façade dite de François Ier, orientée au sud-est.

grottes pour vous mouiller. Je ne vois pas bien où vous vous promenez. J'ai peur que le vent ne vous emporte sur votre terrasse, je tiendrais toujours mes fenêtres ouvertes et je vous recevrais, Dieu sait!

Dans ce monde enchanté, pourquoi les mères éplorées ne retrouveraient-elles pas leur oiseau envolé, captif, d'un coup d'aile revenu? Revenons sur terre, *tra, tra, tra,* comme dit la marquise, les chevaux accélèrent leur rythme, entament la montée qui contourne le rempart, et se dirigent vers l'entrée, toute «gothique», à l'est: un châtelet simplement pourvu de créneaux permet de pénétrer au sein de ces murailles de plus de trente mètres, réputées inexpugnables.

Le grand portail franchi, ils débouchent dans la grande cour, dite cour d'Honneur, devant la grande façade sud-est dont la vue grandiose s'étend des montagnes de la Lance au Ventoux, aux dentelles de Montmirail, à la tour de Camaret et à la lointaine, indistincte plaine de Donzère. Certes :

> *C'est une belle maison, une belle vue, un bel air... plein de grandeur et de magnificence, dont je suis enchantée.*

Les vastes terrasses recouvrent jusqu'au toit de la collégiale Saint-Sauveur et leurs balustrades l'agrémentent, *et font un très bel effet ; jamais clocher ne s'est trouvé avec une telle fraise.*

Détournant leurs regards du somptueux paysage, les nouveaux arrivants sont encore émerveillés par la classique ordonnance de la façade dite de François Ier, aux pierres blanches sous le soleil, éclatante de réverbération malgré quelques verdures : orangers et lauriers roses en gros caissons et, sans doute, un petit jardin à la française. Cette vue du château, au sud-est, est un spectacle grandiose, surtout le matin grâce aux feux de l'aurore. Quand on l'aperçoit du haut de la route, en venant de Valréas, Grillon ou Colonzelle, on est impressionné par sa majesté, son air imposant, quasi royal, sur fond de verdure : *il sent bien les anciens Adhémar.*

Ce « vilain degré » est l'entrée que nous voyons au pied de la tour du Veilleur.

Sur leur droite, en empruntant le passage voûté en plein cintre, sous la tour est, les « carrossées » contournent le château par le nord pour atteindre la cour du Puits, à l'ouest, autrefois de plain pied. L'entrée est là, sous la tour carrée, ou tour de l'Horloge : nos voyageurs peuvent enfin descendre, fourbus, assommés de chaleur, et franchir un petit perron qui accède à l'escalier principal en ce temps-là, surmonté des armes des Adhémar en clé de voûte. A l'abri des murs épais, percés de fenêtres géminées, un peu de fraîcheur et d'ombre les réconfortent. Cette entrée, ce *vilain degré*, décrié par Mme de Sévigné, sera plus tard moins utilisé lorsque François de Grignan aura fait construire le perron à six marches de la façade François Ier, plus majestueux, permettant l'accès au nouveau vestibule, dégagé par la suppression des appartements sur le premier étage.

> *Le vestibule est beau, et l'on peut y manger fort à son aise.*

On y monte par un grand perron. Les armes de Grignan sont sur la porte.

Les descriptions du château que donnait jusqu'à présent Mme de Sévigné étaient imaginées à partir des lettres de Mme de Grignan, avec un grand enthousiasme et beaucoup d'admiration.

A partir de ce premier séjour, de juillet 1672 à octobre 1673, une certaine nostalgie teintera ses souvenirs. Les détails seront moins nombreux et des critiques se glisseront dans sa correspondance. Elle ne reviendra qu'à deux reprises, en 1690 et enfin en 1694 pour y finir ses jours. Ce qu'elle va découvrir, en vivant dans cette prestigieuse demeure, ce sont aussi les difficultés du climat, de l'exposition au vent mauvais. Ah la bise*! *la bise en furie. Elle renverse vos balustres ; elle en veut à votre château.* Et citant son contemporain La Fontaine :

> « Le plus horrible des enfants
> Que le Nord jusque-là ait porté dans ses flancs. »

Enfin :

La bise de Grignan, qui vous fait avaler tous les bâtiments de

vos prélats, me fait mal à votre poitrine... cet air de Grignan
qui vous gourmande et vous tourbillonne.

Toute la correspondance est truffée de ces *dragons* dus au temps, à
ce vent qui n'amènera plus la *chère bonne* mais au contraire accroît
son tourment pour une santé et des murs chancelants.

Mais s'il n'y avait que la bise! non, il y a aussi ces pluies torren-
tielles qui, en climat méditerranéen, peuvent entraîner des désastres:

> *Mais vos orages ont tout dérangé. Que vous êtes excessifs en*
> *Provence! Tout est extrême: vos chaleurs, vos sereins, vos*
> *bises, vos pluies hors de saison, vos tonnerres en automne; il*
> *n'y a rien de doux ni de tempéré. Vos rivières sont débordées,*
> *vos champs noyés et abîmés...*
>
> *Cependant le ciel de votre Provence est dans un désordre*
> *qui fait peur; vous n'êtes point accoutumée à ces déluges.*
> *Vous me représentez votre château dans un état qui me*
> *donne beaucoup de peine.*

L'aile des prélats au nord,
la seule restée en son état
d'origine.

Cette peine ne diminue pas quand Mme de Grignan en plaisante et
compare la pluie de Provence «aux larmes des petits enfants qui
pleurent de colère et point de bon naturel!»

Contrairement à ce que pense Mme de Sévigné, habituée au climat océanique plus doux des Rochers, ce sont bien des *pluies de*
saison en ces régions méditerranéennes, où l'automne, et souvent
aussi le printemps, sont loin d'être très agréables. Les hivers, plus
fréquemment doux et lumineux, peuvent cependant aussi présenter
des froids exceptionnels, des gelées redoutables pour une végétation sans défense. Mme de Sévigné connaîtra un de ces terribles
froids en 1695:

> *Hélas! mon cousin, nous avons cent fois plus froid ici qu'à*
> *Paris. Nous sommes exposés à tous les vents. C'est le vent du*
> *midi, c'est la bise, c'est à qui nous insultera; ils se battent*
> *entre eux pour avoir l'honneur de nous renfermer dans nos*
> *chambres. Toutes nos rivières sont prises; le Rhône, ce Rhône*
> *si furieux, n'y résiste pas. Nos écritoires sont gelés; nos*

Les terrasses s'agrandis-
sent en recouvrant le toit
de la collégiale.
« Vos terrasses d'argent
sont bien différentes des
extravagantes figures de
nos bois… »

plumes ne sont plus conduites par nos doigts, qui sont tran-
sis. Nous ne respirons que de la neige ; nos montagnes sont
charmantes dans leur excès d'horreur. Je souhaite tous les
jours un peintre pour bien représenter l'étendue de toutes ces
épouvantables beautés. Voilà où nous en sommes. Contez un
peu cela à notre duchesse de Chaulnes, qui nous croit dans
des prairies, avec des parasols, nous promenant à l'ombre
des orangers.

Les méfaits de messire le vent et de dame la pluie entraînent de
constantes réparations : les tuiles, les vitres, les balustres… Il faut
sans cesse *raccommoder* terrasses et balcons, réparer les *désordres*
du château.

Et aux fléaux du ciel s'ajoutera la folie constructrice des Grignan,
qui suivent en cela, comme bien des nobles de ce siècle, l'exemple
du Roi-Soleil : à chacun son Versailles…

M. de Grignan, qualifié par sa tendre belle-mère d'*ouragan,* ne
cessera d'améliorer et de décorer le château ; et ses frères, les pré-

lats, invités à participer à l'embellissement de la demeure de leurs pères, seront le *tourbillon*, la *truelle* de Mansart. La marquise, n'ayant pas oublié ses exploits littéraires d'antan, à l'hôtel de Rambouillet, n'hésite pas à en faire un couplet :

> *Qu'ils sont vilains ces prélats ! Le* croyant donc tiraillé entre*
> *la folie de bâtir et l'envie de payer ses dettes, je disais :*
> *Mansart, que veux-tu de moi ?*
> *Mon bien n'est pas fait pour toi (bis).*
>
> *Non, je veux acquérir une gloire immortelle,*
> *Faire voir, pour mon oncle*, un véritable zèle,*
> *Faire justice à tous, et pour lui et pour moi,*
> *Mansart, que veux-tu de moi ?*
> *J'entends l'honneur qui m'appelle,*
> *Il faut renoncer à toi,*
> *Adieu donc, chère truelle.*
>
> *Mansart, etc.*
>
> *Mais je vois bien que mon couplet ne vaudra rien, et qu'il*
> *entend Mansart qui l'appelle, et qu'il ne dira point adieu à*
> *sa chère truelle. Et Carcassonne* laissera-t-il la sienne en*
> *l'air ?*

*Jean-Baptiste de Grignan, nouvel archevêque d'Arles, frère du comte

*François Adhémar de Monteil

*Louis de Grignan, dernier frère du comte

Mansart n'est sans doute jamais venu à Grignan. Il aurait tout au plus fait quelques dessins pour cette aile des prélats. En revanche, il aurait travaillé pour le Coadjuteur à Arles, ce qui explique les angoisses de Mme de Sévigné qui craignait que ces travaux, plus les dettes de son oncle, ne l'empêchent de respecter la parole donnée, l'honneur de soutenir sa famille en terminant les travaux commencés. Ces constructions entreprises, mais menées fort inégalement, livrent le château à tous les vents et en aggravent les inconvénients :

> *Une chose qui m'afflige véritablement, c'est l'état de votre*
> *château, et par le désordre des vents et par la fureur de*
> *Monsieur le Coadjuteur, aussi préjudiciable que le tour-*
> *billon. Quelle rage est la sienne de bâtir et de débâtir, comme*
> *vous dites justement qu'on voit faire aux petites filles à qui*

Jᵉ Bᵗᵉ DE GRIGNAN, *COADJUTEUR D'ARLES.*

on donne un morceau de canevas ! Il fait tout de même. Il met votre maison en état de ne pouvoir y habiter.

Cette aile des prélats ne sera jamais totalement achevée et son état actuel est de ce fait plus authentique que le reste du château reconstruit.

En mère soucieuse du confort et de la santé de sa fille, Mme de Sévigné lui conseille même de s'installer au château de La Garde* :

Pour moi, ma chère bonne, je m'en vais vous dire hardiment mon sentiment ; c'est que sur l'état du château de Grignan dont j'ai entendu parler, s'il est tel que vous y soyez trop incommodée, que le coup de pic sur le rocher y fasse l'air mortel de Maintenon, ma chère bonne, sans me fâcher, sans gronder personne, sans me plaindre, sans me mettre en colère, je prierais M. de La Garde de vouloir bien que je demeurasse chez lui, avec Pauline, vos femmes et deux laquais, jusqu'à ce que la place fût nette et habitable. Voilà comme j'en userais tout bonnement, sans bruit. Vous feriez votre dépense à La Garde. Cela empêcherait mille visites importunes, qui comprendraient qu'un château où l'on bâtit n'est pas habitable.

Un autre frère du comte de Grignan, le Chevalier, appelé aussi Adhémar, prénommé Joseph, restera longtemps *les pattes croisées*, selon la marquise. il finira par entreprendre d'aménager un petit jardin suspendu, au sud, au-dessus du parvis de la collégiale, ainsi que la grotte de Rochecourbière. Car *depuis quand un Grignan compte-t-il pour rien d'être utile à sa maison ?* Que ce soit dans les travaux à exécuter, dans les charges à obtenir, dans les régiments à équiper, ce qui doit primer est l'honneur et le maintien de la lignée : tous doivent y concourir.

Ladite « maman-mignonne* » sort ses griffes et prend la plume pour morigéner soit M. de La Garde :

Ah !.. je ne suis pas trop contente du sage La Garde. Je ne trouve pas qu'il pratique bien la générosité et la reconnaissance !

Tapisserie de L'Histoire d'Ariane *dans la chambre de la marquise, actuellement reconstituée.*

soit le chevalier de Grignan :

> *Je viens à vous, Monsieur, et je réponds à votre réponse, et je vais vous gronder, moi qui vous honore, moi qui fais de vos jugements toutes mes décisions ; je vous gronde pourtant... Ne voyez-vous pas bien qu'un homme qui est gâté par les vastes idées des grands Adhémar doit tout jeter par les fenêtres, et ne doit rien trouver de trop grand ?*

Les «Pourquoi» se succèdent avec tous les chefs d'accusation du procureur Sévigné défendant les seuls représentants de la continuité des Adhémar, lourde charge incombant à sa seule fille. Et après cette volée de bois vert, elle ose terminer en souhaitant *passionnément... la continuation d'une amitié qui fait l'éloge de ceux à qui vous l'accordez !..*

Mais avec François de Grignan, on serait tenté de dire «sous»

François de Grignan, les transformations seront aussi intérieures avec une grande magnificence. Cet homme de goût n'hésitait pas à décorer, à meubler plus qu'il n'était coutume à l'époque :

La rage de M. de Grignan pour emprunter, et pour des tableaux et des meubles, est une chose qui serait entièrement incroyable si on ne la voyait. Comment cela se peut-il accorder avec la naissance, sa gloire, et l'amitié qu'il vous doit ?

L'éducation prudemment bourgeoise de Mme de Sévigné s'indigne de ces dépenses inconséquentes où le paraître prime l'être.

Vous me peignez Grignan d'une beauté surprenante ; eh bien ! ai-je tort quand je dis que M. de Grignan, avec sa douceur, fait précisément tout ce qu'il veut ? Nous avons eu beau crier misère ; les meubles, les peintures, les cheminées de marbre n'ont-elles pas été leur train ? Je ne doute point que tout cela ne soit parfaitement bien ; ce n'était pas là notre difficulté. Mais où a-t-il pris tant d'argent, ma fille ? C'est de

Peu à peu les étoffes décorent les pièces. Ici, le lit de la chambre de la comtesse tel qu'il nous apparaît aujourd'hui, recouvert d'un taffetas bleu à rayures brunes, type gros d'Avignon (soieries lyonnaises).

Les miroirs sont aussi très prisés,
c'est une nouveauté de l'époque.
Détail de La Vue, *gravé par A. Bosse.* (BN)

> *la magie noire. J'ai dans la tête la beauté de vos apparte-*
> *ments… Nous parlerons encore de vos beaux tableaux…*

La décoration suit la mode de Fontainebleau, puis celle de Versailles avec l'acquisition de nombreuses tapisseries d'Aubusson*, de Flandres et d'Auvergne. Leur nombre, selon M. Christian Trézin* qui a étudié les inventaires de 1668, 1672, 1728, atteint quatre-vingt-neuf à cette dernière date, mais elles ont pu être encore plus nombreuses: jusqu'à cent dix, cent quinze, dit-il; leur rôle décoratif, meublant, explique leur constante présence. Peu à peu, cependant, les étoffes, moins coûteuses, apparaissent: étoffes murales légères, tendues avec lambris, mais aussi rideaux, ciels de lits… en soie, d'une grande richesse de couleurs.

*voir au château sept tapis-
series de *L'Histoire d'Ariane*,
de Desmaret de Saint-Sorlin

*conservateur du château
de 1979 à 1992

Les miroirs sont aussi très prisés, c'est une nouveauté de l'époque; ils sont bordés de cristal, d'ébène ou de dorures. Les meubles augmentent aussi avec des « cabinets* » raffinés ; mais le mobilier de l'époque comporte encore de nombreux coffres, lits et tables que l'on peut installer avec une grande souplesse d'adaptation. Les pièces contenaient des tables hautes ou dressoirs, des consoles et l'on dressait les tables des repas en divers lieux : la grande galerie dite des Adhémar, le vestibule, quand ce n'était pas sous un figuier dans la plaine, ou à Rochecourbière. La « salle à manger » n'existait pas au XVIIᵉ siècle.

Le confort semble être amélioré par la multiplication des chambres (de quinze à vingt-neuf) et des garde-robes (de dix à quatorze) équipées de chaises percées. La promiscuité est ainsi réduite mais non encore supprimée.

1672. Pour l'heure, la vie bat son plein sous le soleil de Grignan et le comte, la comtesse, partagent une véritable entente, apprécient également la magnificence de leur « petit Versailles ». Mais comment y vit-on ?

*Un magasin de mode
au XVIIᵉ siècle.*

Françoise-Marguerite, bien qu'elle ait reçu une éducation un peu plus bourgeoise que celle de son mari, s'adapte et adopte très vite les habitudes et le style de vie des Adhémar. Mme de Sévigné s'affole de leur train de vie, du goût du jeu, du manque d'économie… Tous ces *dragons* l'agitent et font peut-être sourire ses correspondants. La noblesse de l'époque ne vit pas en raisonnant ainsi ; un certain train de vie s'impose lorsqu'on considère que sa noblesse remonte « à la nuit des temps », comme s'expriment les généalogistes.

Les Adhémar ont eu à fournir les preuves de leur noblesse quand Louis XIV l'exigea en 1666, 1674, 1696, et Bernard Chérin, généalogiste du Roi, les examina sans doute. Les historiens sont divisés sur la date à laquelle peut remonter la lignée des Adhémar : 685 ? 1045 ? 1164 ? En tout état de cause, l'ancienneté de leur noblesse fut reconnue comme suffisante pour que le Roi attribue à François de Grignan l'ordre du Saint-Esprit, le fameux « cordon bleu » dont s'enchante Mme de Sévigné, et qui était une référence de naissance et de services rendus.

L'office : c'est la plus ancienne pièce du château, elle est intermédiaire entre les cuisines et les divers lieux de restauration, notamment le vestibule d'entrée et la grande galerie.

Le luxe de la table au XVIIᵉ siècle :
Le Goût, *gravé par A. Bosse.*
(BN)

L'appartenance au second ordre du royaume, même si elle n'est pas «immémoriale», exige de ne pas déroger par ses activités, de se consacrer à servir le Roi, par les armes bien sûr, par des offices de «robe» ou de finances. Ce service doit se faire dans le respect de l'honneur. Et l'on retrouve ce souci dans la devise des Adhémar : «Plus d'honneur que d'honneurs». Les duels pour l'honneur sont heureusement terminés, mais depuis peu, si l'on se souvient que Celse-Bénigne* de Rabutin Chantal ne dut qu'à sa fuite vers La Rochelle, où il périt glorieusement contre les Anglais, d'échapper à l'exécution, pour faute de duel, interdit par le Roi, et qu'Henri* de Sévigné y perdit la vie.

Les dettes, en revanche, ne sont pas un déshonneur, sauf les dettes de jeu ! Quant aux fournisseurs : tailleurs, bottiers, chapeliers…

Disons un mot de Mme Reinié. Quelle Furie ! Comment fait-*

*père de Mme de Sévigné

*époux de Mme de Sévigné

*veuve d'un maître-tailleur parisien

71

on cent cinquante lieues pour demander de l'argent à une personne qui meurt d'envie d'en donner et qui en envoie quand elle peut ?

Comment peut-on exprimer une telle mauvaise foi ! il y faut tout l'amour d'une mère et surtout de terribles habitudes.

Les obligations familiales appartiennent aussi à l'honneur de la maison et encouragent la présence d'une bonne *compagnie* :

> *Vous avez une tribu de Grignan, ma chère fille, mais ils sont tous si aimables que l'on doit se réjouir avec vous de cette bonne compagnie. Mais il y a aussi les amis, les hôtes de passage... Vous avez donc, ma bonne, chez vous, présentement, toute la foire de Beaucaire !*
>
> *Vous êtes ordinairement cent à Grignan et quatre-vingt dans les grands retranchements ? Je ne m'en tiens pas non plus à vos soixante-quatre personnes sans les gardes. Vous me trompez ; ce n'est point là votre dernier mot. Il me faut une démonstration mathématique.*

La maisonnée comprend la domesticité avec des liens souvent très proches, très personnalisés. Elle est rarement inférieure à une trentaine de personnes :

> *Cinquante domestiques est une étrange chose ; nous avons eu peine à les compter...*

Elle comprend : intendant, secrétaire, écuyers, valets de chambre, concierge, maître d'hôtel, cuisiniers, garçons d'office, servantes de cuisine, pages, laquais, cochers, postillons, garçons de carrosse, palefreniers, portiers... mais aussi demoiselles de compagnie, gouvernantes comme Élisabeth de Montgobert, dite Mongo, Gobert ou Gogo, et Gabrielle de Martillac ou Martille avec qui se nouent des liens affectueux.

M. de Grignan a aussi sa compagnie de gardes dirigée par Jean de Rippert de Lauzier. Et les frères de ce dernier, successivement André-Simon et Joseph, seront doyens du chapitre de la collégiale. Le chapitre comprend en général cinq à six chanoines, mais aussi

Illustration d'un almanach fêtant l'heureuse moisson de l'année 1694. Ici, c'est à grands traits que l'on boit les plus exquis des vins.
(BN)

un sacristain, un trésorier, des prêtres hebdomadiers… Et François de Grignan prend à son service un maître de chœur qui dirige une à deux chorales.

Tout ce train de maison concourt à une grande magnificence qui enchante ou désole Mme de Sévigné selon qu'il s'agit du bon duc de Chaulnes*, son influent ami :

*gouverneur de Bretagne

> *Parlons vitement de ce bon duc de Chaulnes, et de la réception toute magnifique, toute pleine d'amitié que vous lui avez faite : un grand air de maison, une bonne chère, deux tables comme dans la Bretagne, servies à la grande, une grande compagnie, sans que la bise s'en soit mêlée. Elle vous aurait étourdis ; on ne se serait pas entendu. Vous étiez assez de monde sans elle. Il me paraît que Flame* sait bien vous servir, sans embarras et d'un bon*

*maître d'hôtel des Grignan

73

air. Je vois tout cela, ma chère enfant, avec un plaisir que je ne puis vous représenter. Je souhaitais qu'on vous vît dans votre gloire, au moins votre gloire de campagne, car celle d'Aix est encore plus grande, et qu'il mangeât chez vous autre chose que notre poularde et notre omelette au lard. Il sait présentement ce que vous savez faire; vous voilà en fonds pour faire à Paris tout ce que vous voudrez ; il a vu le maigre et le gras, la tourte de mouton et celle de pigeons.

ou, en général, de ses craintes pour leurs finances:

Je trouve le meilleur air du monde à votre château. Ces deux tables servies en même temps à point nommé me donnent une grande opinion de Flame; c'est pour le moins un autre Honoré*. Ces capacités soulagent fort l'esprit de la maîtresse de la maison, mais cette magnificence est bien ruineuse.

*maître d'hôtel des Chaulnes

Ces deux tables sont encore mentionnées par les consuls d'Avignon en visite à Grignan:

«Il y avait deux tables, MM. les consuls et assesseurs dînèrent à celle de Mgr le comte et de Madame, et les autres à l'autre table où ils furent traités superbement à quatre services.»

Et à ces tables *votre intendant jure qu'on ne peut pas faire meilleure chère, ni plus grande ni plus polie.*

Avec une gourmandise savoureuse, la marquise détaille les produits et les mets de la table des Grignan. Rien ne lui échappe:

Je ne saurais vous plaindre de n'avoir point de beurre en Provence, puisque vous avez de l'huile admirable et d'excellent poisson... Envoyez-nous de vos belles truites de l'Isle... Vous me parlez de vos melons, de vos figues, de vos muscats. Ah! j'en mangerais bien...
Ces perdreaux sont tous nourris de thym, de marjolaine et tout ce qui fait le parfum de nos sachets; il n'y a point à

*Troupe de comédiens
italiens en 1688.
Le comte et la comtesse ont à
cœur de régaler leurs convives
d'une bonne chère, de
représentations théâtrales
et de réceptions.*

*choisir. J'en dis autant de nos cailles grasses dont il faut
que la cuisse se sépare du corps à la première semonce
(elle n'y manque jamais), et des tourterelles, toutes par-
faites aussi. Pour les melons, les figues et les muscats, c'est
une chose étrange : si nous voulions, par quelque bizarre
fantaisie, trouver un mauvais melon, nous serions obligés
de le faire venir de Paris ; il ne s'en trouve point ici. Les
figues blanches et sucrées, les muscats comme des grains
d'ambre que l'on peut croquer, et qui vous feraient fort
bien tourner la tête si vous en mangiez sans mesure,
parce que c'est comme si l'on buvait à petits traits du plus
exquis vin de Saint-Laurent.*

Cette éloquence gastronomique s'accompagne d'un couplet du cher
cousin Coulanges qui n'oublie jamais d'être un joyeux convive :

«La bonne chère
Que l'on fait à Grignan
Se peut-on taire
De la bonté du thian?»

Ce thian, précise-t-il, «c'est du riz cuit dans une terrine». Aujourd'hui, on donne en fait ce nom de thian à la terrine de terre, légèrement évasée, qui sert à cuire légumes ou riz à l'étouffée.

Que ce soit les ortolans, les perdreaux, les cailles ou les pigeons, ils méritent tous d'être arrosés de ces vins de Saint-Laurent ou de Chusclan* «qui donneraient dix ans de vie», qui ont donc la réputation de rajeunir! voilà une bien agréable vertu et une charmante indication médicale... Ce vin est à tel point apprécié qu'on le retrouve à Paris:

*vin des terres des Grignan

> *Jamais un souper n'a été si solidement bon. On vous y souhaita bien sincèrement, mais le vin de Saint-Laurent renouvela si extrêmement votre souvenir que ce fut un chamaillis de petits verres qui faisait bien voir que cette liqueur venait de chez vous.*

Le comte et la comtesse ont à cœur de régaler leurs convives d'une bonne chère, de représentations théâtrales et de réceptions, soirées agréables, où le jeu tient sa place, dans les grandes salles et dans la galerie. Ils suivent en cela Versailles, la Cour en fait, où elle se tient avant 1682, et le jeu avait envahi les lieux. Jeux de hasard avec les loteries, jeux de cartes divers dont beaucoup venus d'Espagne:

> *La Reine a été deux fois aux Carmélites avec «Quanto*»* où cette dernière se mit à la tête de faire une loterie. Elle fit apporter tout ce qui peut convenir à des religieuses; cela fit un grand jeu dans la communauté.*

*Mme de Montespan en langage chiffré, fréquemment utilisé au XVIIe siècle

Et même Mme de Sévigné s'y risque, mais toujours pour *sa chère bonne*:

> *Je vous ai souhaité un lot à la loterie pour commencer à rompre la glace de votre malheur... Monsieur votre fils n'a rien gagné aussi. Mais nous avons encore toutes nos*

76

Soirées agréables, où le jeu tient sa place, dans les grandes salles et dans la galerie, comme à la Cour. (BN)

espérances pour le gros lot, le Roi l'ayant redonné au public.

Et Grignan ne saurait déroger, ne pas imiter ce qui fait fureur en haut lieu :

Vous n'avez pas été heureux dans votre loterie ; ce sont les cadets qui ont eu les bons lots. Vous deviez bien m'en mettre, si j'avais le gros lot, je ne l'aurais pas porté à Dijon.

Personne ne peut douter de la destination d'un gros lot gagné par Mme de Sévigné... Aux jeux de hasard succèdent les jeux de cartes dans les commentaires de la marquise, mais avec défiance et un certain affolement devant les pertes qu'ils entraînent. Parmi ces jeux, la «bassette*» fait rage à la Cour et inquiète Mme de Sévigné, mais aussi le pourtant *futile* Coulanges :

*jeu de cartes avec un banquier

77

« Vouloir gagner beaucoup d'argent,
Mais faire le contraire,
Perdre sa carte en enrageant,
Être rouge de colère,
Attentif et tout contrefait,
Trembler pour sa cassette,
En dix vers voilà le portrait
d'un joueur de bassette. »

Mme de Grignan reconnaît, dans une lettre au comte du 25 mars 1678, son engouement pour ce jeu très en vogue :

« La folie de la bassette nous a jetées dans un jeu de soirée qui nous donne grand air. Nous sommes comptées dans le nombre des bassettes, et par conséquent à la grand'mode. »

Cependant, ce jeu prenant trop d'ampleur, le Roi voyant jouer la Montespan au-delà du raisonnable, toute la nuit parfois, finit par en demander l'interdiction et un arrêt du parlement de Paris, le 16 septembre 1680, y mit fin :

Il a fallu se séparer de la bassette ; ce n'a pas été une médiocre douleur pour bien des gens. On dit qu'elle a été défendue très sérieusement.

Et pourtant, en Avignon, en 1689 :

La bassette m'a fait peur. C'est un jeu traître et empêtrant : cent pistoles y seront bientôt perdues, et votre voyage vous coûtera assez, ma chère bonne, sans cette augmentation.

C'était sans doute une exception, en Comtat Venaissin, malgré la temporaire autorité du représentant du Roi de France, en la personne de François de Grignan. Or, constate amèrement Mme de Sévigné :

M. de Grignan hait la bassette, mais il aime l'hombre*, et ne le sait point du tout, car cela ne s'appelle pas le jouer qu'il perde tous les jours à ce jeu ; n'est-ce pas doubler la dépense nécessaire ? Voilà justement ce que je n'aimerais pas. Et

*jeu de cartes à quatre joueurs

*Les trois Enfants de
France jouant au trictrac.*
(BN)

> *quand vous me dites que c'est un os que vous donnez à ron-
> ger à votre compagnie, je sais bien qu'il faut leur en jeter,
> mais je ne voudrais pas que ce fussent les miens.*

Avec sa prudence et son sens d'une certaine économie, qui n'ex-
clura pas la générosité, Mme de Sévigné ne cesse de déplorer l'aveu-
glement de cette conduite de leurs affaires. Quand ce n'est plus la
bassette ou l'hombre :

> *Mais à propos d'écus, quelle folie d'en perdre deux cents à ce
> chien de hoca*! un coupe-gorge qu'on a banni de ce pays-
> ci, parce qu'on y a fait de furieux voyages,*

*jeu analogue à la roulette,
mais avec un banquier
qui tire

se scandalise-t-elle devant la pratique de ce jeu de hasard, introduit
par Mazarin et interdit depuis 1658. *Prenez-y garde, ma fille...*

L'habitude de jouer ne lui est pas non plus étrangère, mais raisonnablement, et à certains jeux de préférence. Elle reconnaît qu'aux Rochers, en son domaine breton :

> *Quoique nous soyons dans une solitude en comparaison, nous ne laissons d'avoir fort souvent trois tables de jeu, un trictrac*, un hombre, un reversis*.*

*jeu analogue au jacquet

Le hère*, auquel on peut jouer avec des petits enfants, le reversis ont ses faveurs parce que le raisonnement y entre plus que le hasard, la « fortune » :

*jeu où le gagnant est celui qui fait le moins de levées « à revers »

*jeu où l'on ne donne qu'une carte à chaque personne

> *On est honteux d'être houspillé par la fortune ; cet avantage que les autres ont sur vous blesse et déplaît, quoique ce ne soit point dans des occasions d'importance.*

Et surtout, elle apprécie le jeu de l'oie, *renouvelé par les Grecs*, et les échecs :

> *Ma bonne, je suis folle de ce jeu, et je donnerais bien de l'argent pour le savoir seulement comme mon fils et comme vous. C'est le plus beau jeu et le plus raisonnable de tous les jeux. Le hasard n'y a point de part. On se blâme et l'on se remercie ; on a son bonheur dans sa tête.*

> *Je trouve que c'est le plus beau jeu du monde, et qui peut aussi contenter le plus l'amour-propre. Cette prévoyance, cette prudence, cette justesse à se défendre, cette habileté pour attaquer, le bon succès de sa bonne conduite, tout cela charme aussi et donne une satisfaction intérieure qui pourrait bien nourrir l'orgueil. A le regarder de ce côté-là, je n'en suis pas encore bien guérie, et je veux être encore un peu plus persuadée de mon imbécillité. Quelle tirade !*

Les réflexions que ce jeu développe l'impressionnent et la contrarient un peu :

> *Je vous assure que je serai bien honteuse et humiliée, si je n'arrive au moins à un certain point de médiocrité.*

Quand elle n'est pas un peu piquée au vif :

Le jeu des échecs
Brave Guerrier il faut se rendre,
La Belle a trop d'esprit, ses yeux ont trop d'éclat,
Et pour peu qu'on ait le cœur tendre,
On est de deux façons bientôt échecs et mat...
(BN)

*sa petite-fille, alors âgée de seize ans

Je trouve Pauline* bien suffisante de savoir les échecs ; si elle savait combien ce jeu est au-dessus de ma portée, je craindrais son mépris.

La vie au château d'Apollidon s'anime ainsi jour et nuit. L'ancestrale demeure résonne de tous les jeux et rires d'une société comblée par ses hôtes. Mais qui sont-ils donc ces maîtres de céans si chers à la marquise ? En quels lieux, en quel séjour s'étend leur pouvoir ?

Chapitre IV

LES SEIGNEURS DU LIEU EN LEUR FIEF,

CE *BON PAYS* DE GRIGNAN

LE COMTE ET LA COMTESSE SONT
DÉSORMAIS, DEPUIS LEUR MARIAGE, LE SEUL
OBJET DES PRÉOCCUPATIONS DE LA
MARQUISE, DE SON IMPÉRIEUSE ET RIEUSE

affection. Les lettres de celle-ci s'adressent surtout à sa chère bonne mais aussi souvent à ce cher comte, directement ou indirectement. Ainsi le couple se dessine bien à travers ses propos, dans ce cadre prestigieux, sur fond de Provence et donnant vie et âme à leur environnement. Les *entrailles* de Mme de Sévigné méritent «un arrêt sur image», elles qui focalisent une telle passion maternelle. Le comte et le comtesse ne résident pas toute l'année à Grignan, car les devoirs de la charge de lieutenant général du comte les appellent à Aix-en-Provence, Lambesc, Avignon... Mais ils reviennent en ce *bon pays* tous les printemps, étés, en dehors des sessions des assemblées, et ils reviendront de plus en plus longtemps avec les difficultés financières grandissantes. Car Grignan les nourrit, les sert selon le droit féodal et concourt à les distraire au delà des murailles du château.

Qui sont-ils? En un temps où les mariages ne se font guère par inclination et où le contrat précisant la dot remplace les «poulets», ou billets doux, écoutons Coulanges nous chanter :

PHILIPPES EMANUEL
DE COULANGES.

> «Je fais cas des généalogies
> Et j'adore les vieilles maisons.
> Je les chante, je les publie
> En dût-on m'accuser de folie
> Et d'être un peu sujet à vision
> Adhémar de Monteil de Grignan,
> Ces trois noms entés sur Castellane
> Font une maison de premier rang.
> Ces titres sont sans coq-à-l'âne
> Et prouvent la noblesse du sang.»

Voilà, présenté plaisamment, celui à qui Mme de Sévigné a confié sa chère Françoise-Marguerite. Et pour plus d'exactitude encore, référons-nous à son oraison funèbre, prononcée le 1er mars 1715 par le père Saurel, de la Compagnie de Jésus, en l'église Saint-Sauveur d'Aix-en-Provence. A défaut d'être un moment plaisant, trois mois après la mort du comte, c'est un moment de vérité, et les titres de ce dernier descendant des Grignan sont déclinés au complet :

«Très haut, très puissant et très excellent
Seigneur François d'Adhémar de Monteil
de Castellane d'Ornano,
Comte de Grignan,
Duc de Termoli et de Campobasso,
Chevalier des Ordres du Roi,
Lieutenant général de ses Armées,
Commandant et Lieutenant général
de Sa Majesté en Provence.»

Le «vieux Calèbe*» que célèbre le père Saurel, à quatre-vingt-deux ans, a achevé sa moisson de titres, d'honneurs, de combats, de sacrifices, de joies et d'espérances.

Mais demeurons en ce mois de juillet 1671, où, sous un soleil torride, accueillant une mère éblouie, ravie de retrouver sa fille chérie, il est l'heureux héritier des Grignan. François de Grignan, aîné de dix enfants, dont sept garçons, a succédé à son père Louis Gaucher, décédé en 1668. Il est désormais comte de Grignan, et ne porte plus le titre de courtoisie de marquis, il est seigneur des biens et des terres, chef de famille et, comme tel, a des obligations envers ses vassaux, les habitants de ses fiefs, ses frères et sœurs. De plus, il a déjà deux filles de son premier mariage avec Angélique-Clarisse d'Angennes, fille de la marquise de Rambouillet : ce sont les *Grignettes*, selon Mme de Sévigné, à qui il doit une partie de la dot de leur mère et dont il doit assurer l'établissement. Il est depuis 1669 lieutenant général en Provence et remplit en fait le rôle du gouverneur. Le gouverneur en titre, ayant hérité cette charge de son père, le duc de Vendôme, n'en assumera jamais les responsabilités, tout en touchant cependant les revenus correspondants. Les responsabilités du comte-lieutenant général sont administratives, mais aussi militaires en tant que lieutenant général des Armées de Sa Majesté en Provence.

Le comte de Grignan n'est certes pas un *jobelin*, capable d'affliger sa belle-mère parisienne et mondaine, mais un homme dans la force de l'âge et qui représente bien «l'honnête homme» du XVIIe siècle.

Car c'est un homme de qualité et de qualités : celles du corps, de l'esprit, de l'âme et du cœur. «Gariman» a le teint brun, la barbe noire, le nez fort aristocratique, l'estomac haut, les épaules larges et la démarche pleine d'assurance... aurait peut-être écrit La Bruyère ! Mais il ne semble pas, assurément, qu'il ait été beau. Certains le disent même laid. Sa belle-mère susurre :

> *Les médisants disent que Blanche d'Adhémar ne sera pas d'une beauté surprenante, et les mêmes gens ajoutent qu'elle vous ressemble... si cela est, vous ne doutez pas que je ne l'aime fort.*

« *Capitaine, sans peur, généreux, fils de Mars...* »

Qu'habilement ces choses-là sont dites ! cette pauvre Marie-Blanche vient de naître ce 15 novembre 1670, mais elle a la malchance d'être la troisième fille du comte qui espère tant un fils, elle n'est pas jolie... mais elle sera très sincèrement aimée par sa grand-mère.

Et Mme de Sévigné de renchérir lorsque la Reine lui dit :

> «*A qui ressemble votre petite fille ?*» *Madame, lui dis-je, elle ressemble à M. de Grignan. Elle fit un cri : «J'en suis fâchée, et me dit doucement : Elle aurait bien mieux fait de ressembler à sa mère ou à sa grand-mère.*»

Soit. Sans aller jusqu'à se pâmer avec cette *adorable Mlle du Plessis* qui *avait ouï dire que M. de Grignan était le plus beau garçon qu'on eût su voir. Prenez son ton ; vous lui auriez donné un soufflet...* Tous s'accordent à reconnaître *sa belle taille*, sa prestance, sa séduction. C'est un athlète qui aime marcher, chasser, monter à cheval, jouer au mail avec beaucoup d'adresse ; et ses qualités physiques lui permettront d'être un valeureux combattant. Dès 1654, il est colonel du régiment de Champagne, en 1656, capitaine de la cavalerie de la Reine, puis en 1674 il crée le régiment de Provence-Infanterie dont il cédera la charge en 1683, enfin il organisera et commandera les troupes de l'arrière-ban et de la milice en Provence : il s'illustrera particulièrement au siège de Toulon en 1707 en permettant de repousser les troupes austro-piémontaises par sa lucidité, son génie stratégique et son courage énergique.

M. de Grignan, reconnaissable à sa laideur énergique, mais non dépourvue de caractère, avec une expression de fermeté et de loyauté sympathique. (Marquis de Saporta)
(Photothèque des musées de la ville de Paris)

Outre ses qualités physiques qui, en dehors de la guerre, en font un sportif capable de participer aux jeux de son temps : la chasse, le jeu de paume, le jeu de mail... son esprit fait de lui un homme d'une société aimable. Et ceci sans fadeur, et avec toute la complexité d'une vraie personnalité qui peut même agacer un peu Mme Mère :

> *Il a des endroits d'une noblesse, d'une politesse, et même d'une tendresse extrême ; il y a d'autres choses, dont les contrecoups sont difficiles à concevoir. Enfin tout est à facettes. Il a des traits inimitables pour la douceur et l'agrément de la société ; on l'aime, on l'estime, on le blâme, on l'embrasse, on le bat.*

Et «on l'aime trop», se pâme sa petite belle-sœur, Jeanne-Marguerite de Mauron, femme de Charles de Sévigné, sans l'avoir jamais rencontré, du fin fond de sa Bretagne… En revanche, la présence de la marquise d'Oppède, à Aix, suscite la jalousie de Mme de Grignan, déjà bien éprouvée par ses grossesses et une santé défaillante. Aussitôt, Mme de Sévigné monte au créneau et n'hésite pas à préciser son opinion :

> *Au reste, Monsieur, songez à ménager votre pauvre femme…*
> *pendant que le lait et l'envie qu'il semble qu'elle ait de se*
> *guérir nous donne de l'espérance, n'allez point lui serrer le*
> *cœur par une jalousie qui gâterait tout. Je vous vois d'ici ; et*
> *vous entrez fort souvent, la bouche enfarinée, dans les lieux*
> *où vous dévorez l'objet aimé par des regards. Je vous lâche-*
> *rai bientôt un mari qui rompra un peu vos mesures.*

A cette séduction certaine, ce goût de plaire, s'ajoutent et contribuent des talents. Après avoir fréquenté lui aussi l'hôtel de Rambouillet, François de Grignan taquine Erato* et fait des «bouts rimés» qui sont appréciés, comparés, loués par notre Euterpe*… Mme de Sévigné. Elle est fort soucieuse de son opinion, de ses commentaires et ne craint point de plaisanter avec lui. Mais c'est encore sur la musique qu'ils semblent le mieux s'entendre ; ils échangent des partitions et chanteront ensemble après les dîners de Grignan, à Rochecourbière notamment :

*Erato, muse de la poésie
*Euterpe, muse de la poésie lyrique

> *Nous voudrions bien vous envoyer, et à M. de Grignan, une*
> *chaconne et un écho dont il nous charme, et dont vous*
> *seriez charmés… Le Chevalier* dit qu'il vous en a envoyé*
> *plusieurs airs et qu'il a vu un homme qui doit vous avoir*
> *envoyé le livre ; vous en serez contente.*

*Joseph d'Adhémar, frère du comte

La musique est en effet toujours présente au château, jusqu'à «l'indigestion» se plaint Mlle Montgobert, secrétaire et dame de compagnie de la comtesse. A la collégiale aussi, le comte entretient un maître de chœur, ce Joseph Arnoux dont il pleurera le départ pour la Cour, au service du Roi :

La musique est toujours
présente au château.
L'Ouïe, gravé par A. Bosse.
(BN)

Arnoux est plus joli, mais il est trop joli, car il chante à Versailles ; il espère que M. de Reims le prendra pour sa musique. Il a sept cents francs à la Sainte-Chapelle. Il se plaît fort à Paris. Il est jeune. Voyez si vous penseriez tel que le voilà se pût borner à Grignan dans l'espérance d'un béné- fice ; c'est une raillerie. Vous lui donneriez cinq cents écus qu'il ne le voudrait pas. Ôtez-vous donc cela de l'esprit, Monsieur le Comte.

Ces chœurs seront accompagnés par un orgue somptueux, que François de Grignan fera installer et que l'on peut encore entendre aujourd'hui*.

*voir page 214,
La collégiale Saint-Sauveur

Sa sociabilité le pousse à la magnificence et au jeu, ce qui lui vau- dra quelques commentaires désobligeants de la plume acérée de sa belle-mère.

Ses qualités d'âme sont plus difficiles à percevoir quelque trois cents ans après... On peut relever seulement la foi constante dont il est loué dans son oraison funèbre, les soins apportés à la collégiale et aux autres fondations religieuses dont il avait la responsabilité indirecte sur ses terres, l'action de grâce rendue au Seigneur lors des victoires du Roi, et particulièrement le *Te Deum* à la collégiale, après la victoire de Maëstricht*. C'est surtout dans son action envers les protestants, après la révocation de l'édit de Nantes, qu'il manifeste une certaine magnanimité. Il exécute les ordres sans acharnement exagéré, ne suivant pas en cela l'exemple de son ancêtre Louis-Adhémar qui fut incarcéré pour excès de zèle. Il poursuit les *démons** dans la mesure où il y a désordre, troubles et risques de collusion avec les puissances étrangères, mais ne persécute pas les «nouveaux convertis», ne les oblige pas aux sacrements et exige même la levée de toute mesure discriminatoire. Tous s'accordent à reconnaître sa fermeté, sa loyauté, mais aussi sa compassion sans que l'on puisse parler de tolérance, notion encore anachronique en ce siècle.

*conquête de juin 1673 par le Roi et Vauban

*protestants, appelés ainsi par Mme de Sévigné

Les témoignages extérieurs de sa délicatesse et de sa sensibilité sont d'autant plus complexes à discerner, tout comme ses qualités d'âme, que ce sont des qualités intimistes et discrètes. Les rendre publiques c'est déjà les infirmer. Toutefois, l'attachement de la belle Maguelonne pour ce mari imposé peut accréditer l'idée qu'elle avait trouvé en lui tout ce qui entraînait, suscitait une sincère inclination. Son impatience à le rejoindre, malgré la résistance à la fois autoritaire, suppliante et pleine de charme de sa mère, peut en être un indice. Et ce d'autant plus qu'elle laissait derrière elle une toute petite fille de moins de trois mois, impuissante et vagissante, Marie-Blanche. Les lettres, très rarement conservées, de Mme de Grignan à son mari sont particulièrement touchantes :

> «Vous êtes du moins aimé comme vous le méritez ; et je vous réponds que personne ne pouvait se mieux acquitter de ce devoir. Je vous aime, mon très cher Comte, je vous honore, je vous souhaite, et je vous embrasse de toute la tendresse de mon cœur, qui est grande (25 mars 1677). »

Et le 20 mai 1678, de Livry :

> «Je ne songe qu'à vous y aller trouver, et nous avons pris nos mesures avec La Garde pour y être à la fin de juin.

Blason des Adhémar, situé sur le fronton extérieur de la grande galerie.

Je serai trop aise, mon très cher Comte, quand j'aurai le plaisir d'être réunie à vous pour ne plus vous quitter…
Vous êtes assez délicat pour que l'on puisse se fier à votre goût…

Eh! mon Dieu! ne viendra-t-il pas une année où je puisse voir mon mari sans quitter ma mère? En vérité, je le souhaiterais fort, mais quand il faut choisir, je ne balance pas à suivre mon très cher Comte, que j'aime et que j'embrasse de tout mon cœur. »

La comtesse de Grignan

Situation cornélienne s'il en est; cet attachement déconcerte Mme de Sévigné dont le mariage n'a pas été heureux; elle en est chagrinée, se situe inconsciemment en rivale de M. de Grignan:

Une mère vaut-elle un époux?
C'est que vous aimez M. de Grignan, et en vérité, il le mérite.
Vous aimez à lui plaire; j'ai même trouvé fort souvent que vous n'avez point un véritable repos quand il est loin de

vous. Il a une politesse et une complaisance plus capables de vous toucher et de vous mener aux Indes que toutes les autres conduites que l'on pourrait imaginer.

Aller aux Indes… halte-là! la belle affaire! il ne s'agit que de Provence et du départ d'une nouvelle «Provençale»; cette troisième comtesse de Grignan, «troisième côte de M. de Grignan», disait M. de La Rochefoulcauld, est l'enjeu de cet amour maternel et conjugal. Mais qui est-elle donc?

Après Angélique-Clarisse d'Angennes, décédée en 1664, puis Angélique de Puy du Fou, elle aussi disparue en 1667, Françoise-Marguerite de Sévigné se trouve propulsée aux limites de la *Barbarie*, en Provence, avec un rôle de quasi vice-reine. Cette gloire impressionne sa mère, les amies de sa mère, dont Mme de La Fayette:

> *Mme de La Fayette dit qu'elle aimerait fort à jouer le rôle que vous jouez, quand ce ne serait que pour changer,*

rapporte la marquise. Cette ravissante parisienne avait été accueillie à la Cour, en 1663, comme une «beauté» qui «brûlera le monde», prédisait le marquis de Tréville. Déjà, dès l'âge de dix ans, l'abbé Arnauld* la comparait à une «petite Diane» et sa mère évoque tranquillement son aimable apparence:

> *Il n'y a rien de si aimable que d'être belle, c'est un présent de Dieu qu'il faut conserver. Vous savez comme j'aime votre beauté. Mon amour-propre m'y fait prendre intérêt; je vous la recommande pour l'amour de moi. Il me semble qu'on va me trouver bien habile en Provence d'avoir fait un si joli visage, et si doux et si régulier. Vous êtes fâchée que votre nez ne soit pas de travers, et moi qui suis rangée, j'en suis ravie.*

Voilà une mère fière de son œuvre et qui s'emploie affectueusement à rassurer sa fille sur elle-même. On imagine bien la moue insatisfaite d'une jeune femme encore peu sûre d'elle-même, et ne trouvant qu'à redire à son reflet dans la glace.

Les portraits qui seront faits d'elle, successivement par les peintres

*fils aîné de Robert Arnauld d'Andilly, neveu du Grand Arnauld, condamné en Sorbonne pour son jansénisme; frère du marquis de Pomponne

Ferdinand, Laurent Fauchier, puis Mignard, tels que les commente M. de Saporta*, soulignent tous les mêmes traits séduisants : la chevelure très blonde, les yeux d'un bleu intense et profond sous des sourcils arqués, des traits réguliers avec une bouche mignarde, sensuelle, enfin un menton délicatement modelé et marqué d'une fossette.

Cette belle jeune femme entre dans une famille prestigieuse ; elle épouse un homme mûr, aîné d'une vraie « tribu » de Grignan, et l'on compte sur elle pour assurer la descendance de la lignée, pour tenir son rang aux côtés d'un mari dont le rôle représentatif est grand : quelle lourde responsabilité ! même pour la fille de Mme de Sévigné ! Elle a vécu jusqu'à présent, à Paris, auprès d'une mère merveilleuse, présente, intelligente et douée. Quel exemple ! mais aussi quel handicap ! Comment affronter cette société aux aguets de vos moindres défaillances ? Comment paraître telle que l'on doit être ? et agir selon l'intérêt de son mari ? Et comment vivre tout ce que l'on éprouve sans faux-semblant ? Maintenue, même après son mariage, sous l'aileron maternel, avec déjà des intrigues pour placer le jeune couple sur l'orbite royale en vue des meilleures places, elle rêve d'autonomie et de réalisation d'elle-même :

> Mais je ne veux point que vous me disiez que j'étais un rideau qui vous cachait. Tant pis si je vous cachais ; vous êtes encore plus aimable quand on a tiré le rideau. Il faut que vous soyez à découvert pour être dans votre perfection ; nous l'avons dit mille fois.

Mme de Sévigné réfute ici pour reconnaître ensuite :

> Vous faites des merveilles ; vous êtes aimée de tout le monde. Il me semble que je vous vois valoir mieux ; écu, vous ne valiez maille derrière moi, comme dit M. de La Rochefoucauld.

On parlerait aujourd'hui de complexe d'infériorité par rapport à sa mère... Sa volonté de s'affirmer entraîne des mésententes, des frictions, des colères maladroites quand la mère et la fille sont réunies.

93

Les timides, qui se sont trop longtemps tues, ont l'art des éclats brusques et inattendus, de ces récriminations que reflète la correspondance :

> *Eh ! bon Dieu ! vous compter « bonne à rien et inutile partout » à quelqu'un qui ne compte que vous dans le monde ; comprenez ma chère bonne l'effet que cela peut faire. Je vous prie de ne plus dire de mal de votre humeur. J'ai mal dormi, vous m'accablâtes hier soir ; je n'ai pu supporter votre injustice. Je vois plus que les autres les qualités admirables que Dieu vous a données... Qu'y a-t-il donc ? C'est que c'est moi qui ai toutes les imperfections dont vous me chargiez hier au soir... que vous me les faisiez quelquefois trop sentir, que j'en étais quelquefois affligée et humiliée. Vous m'accusiez aussi de parler à des personnes à qui je ne dis jamais rien de ce qu'il ne faut point dire... et je dors mal. Mais je me porte fort bien, et prendrai du café, ma bonne, si vous le voulez bien.*

Ce manque de confiance en soi entraîne aussi une certaine gaucherie en société, en Provence :

> *Vous n'êtes donc point belle, vous n'avez guère d'esprit, vous ne dansez point bien ? Hélas ma chère enfant ! J'aurais grand'peine à vous reconnaître sous ce portrait.*

à la Cour :

> *Est-il possible qu'en parlant au Roi vous ayez été une personne tout hors de vous, ne voyant plus comme vous dites, que la majesté, et abandonnée de toutes vos pensées ? Je ne puis croire que ma fille bien-aimée, et toujours pleine d'esprit, se soit trouvée dans cet état.*

Cette timidité la rend maladroite et rougissante, comme sa mère, prétend Mme de Sévigné, ce que l'on n'imagine guère...

> *Que c'est un joli bonheur de ne rougir jamais ! ç'a été, comme vous dites, le vrai rabat-joie de votre beauté et celui de ma jeunesse ; j'ai vu que, sans cette ridicule incommodité,*

Votre portrait a servi à la conversation, il devient chef-d'œuvre à vue d'œil ; je crois que c'est parce que Mignard n'en veut plus faire.
(D'après Saporta)
Le portrait de Mme de Grignan exécuté pendant le séjour qu'elle fit auprès de sa mère à partir de 1674. La marquise le garde jalousement.
(Photothèque des musées de la ville de Paris)

je ne serai pas changée pour une autre. C'est une persécution dont le diable afflige l'amour-propre. Enfin ma bonne, vous en quittiez le bal et les grandes assemblées, quoique tout le monde tachât de vous rassurer en vous élevant au-dessus des autres beautés.

Handicapée par cette timidité, la comtesse de Grignan apparaîtra à certains hautaine, froide, orgueilleuse, méprisante… et ces attitudes ne sont souvent que la marque d'une grande sensibilité. Elle éprouve parfois le besoin d'être un peu seule, dans cette vie de représentation, inévitablement un peu factice et superficielle. Surtout lorsqu'elle craint pour la vie de son fils, le petit marquis, engagé dans les innombrables guerres de Louis XIV ; elle se retire pour concentrer sur lui toutes ses pensées, toute la tendresse de son cœur et être ainsi plus protectrice. C'est une réaction qui déconcerte son expansive mère :

> *Enfin, ma fille, vous avez quitté Aix ; vous me paraissez en avoir par-dessus les yeux. Vous êtes à Grignan ; vous trouvez-vous mieux de cette solitude, avec tous les désagréments qui y sont survenus ? il me semble que cette envie d'être seule n'est, à la bien rendre, que l'envie d'être fidèle au goût que vous avez pour les désespoirs et pour la tristesse. Vous auriez peur qu'une distraction ne prît quelque chose sur les craintes que vous voulez avoir pour votre cher enfant, dès qu'il sera dans le moindre péril.*

Plus qu'un romantisme, il s'agit là d'une forme de don de soi, de don de son attention, de ses pensées, loin de tout divertissement, au sens pascalien du mot.

Dans sa retenue, sa distance, on ne peut sans doute pas sous-estimer ses problèmes de santé, qui ne sont pas choses que l'on étale et qui ont dû pourtant lui ôter une entière disponibilité et une certaine amabilité. Est-il confortable, supportable, d'avoir six grossesses en huit ans ? dont seuls trois enfants vivront…

> *Votre maigreur me tue. Hélas ! où est le temps que vous ne*

Mme de Grignan tenant une lettre de la marquise. Imagerie populaire éditée en carte postale.

*mangiez qu'une tête de bécasse et que vous mouriez de peur
d'être trop grasse ? Parlons de votre santé. Voilà le temps que
votre sang se met en colère. Vous en étiez, il y a un an, fort
incommodée. Vous vous fîtes saigner et purger ; vous vous en
trouvâtes très bien... Vos maux de gorge sont effrayants.*

Quand ce n'est plus le sang qui s'échauffe, la gorge qui prend froid,
ce sont les jambes qui s'immobilisent :

*Ma pauvre bonne, n'êtes-vous point effrayée de ces jambes
froides et mortes ? Ne craignez-vous point que cela ne tourne
à la fin à la paralysie ? Est-il possible que, dans le pays des
bains chauds, vous trouviez le moyen de laisser périr vos
pauvres jambes que vous ne sentez que par des douleurs ?*

Mme de Sévigné, pauvre mère éplorée, impressionnée par tous ces
maux, sacrifie même son plus grand plaisir : lire des lettres de sa fille
écrites par elle-même, de sa blanche main, car tenir une plume peut

se révéler épuisant. Ce sont sa secrétaire, sa fille Pauline qui la remplaceront. Toute la correspondance est émaillée de considérations inquiètes, pleines de sollicitude. Les conseils succèdent aux conseils : le lait, le bouillon, le «baume tranquille», la saignée, les purges, les bains, les eaux… La vigilance d'une mère ne dissimule rien et n'épargne aucun détail. Elle se gendarme particulièrement contre les grossesses répétées, pour lesquelles elle n'hésite pas à gourmander son gendre *qui fait les maux* mais pas les *médecines*. Elle tente de l'éloigner de la chambre de sa fille quand ils résident ensemble chez elle, et lui trouve *bien du caquet* :

> *M. de Grignan a bien du caquet ; il commence à gratter du pied, cela me fait grand peur. S'il succombe à la tentation, ne croyez point qu'il vous aime.*

Et directement au comte :

> *Pensez-vous que je vous l'aie donnée pour la tuer, pour détruire sa santé, sa beauté, sa jeunesse ?*

s'indigne-t-elle. Mme de Sévigné ne peut admettre que sa petite *Marion** soit ainsi devenue si délicate, maigre et sans aucune santé. *Ah mon enfant, que cette pensée m'est sensible !* Et jusqu'à l'heure de sa propre mort, elle s'en plaindra :

*surnom de Françoise-Marguerite encore enfant

> *Il me semble que les mères ne devraient pas vivre assez longtemps pour voir leurs filles dans de pareils embarras.*

Certains expliquent ou tentent d'expliquer aujourd'hui cette dégradation de la santé de Mme de Grignan par une contagion syphilitique, transmise par le comte, et dont la preuve *a posteriori*… serait le symptôme d'Hutchinson* que manifeste sa fille Pauline par *ses dents mangées de la lune.* Bien évidemment, pour des yeux étrangers, tout ceci ne pouvait être compris et les interprétations les plus sévères ont couru, jusqu'à Saint-Simon qui dit, en 1696, à l'occasion de la mort de Mme de Sévigné :

*marque d'hérédo-syphilis

> «Elle mourut chez sa fille qui était son idole et qui le méritait médiocrement.»

PAULINE DE GRIGNAN,
MARQUISE DE SIMIANE.

Incomprise, critiquée, elle prend très au sérieux les soucis, les intérêts, les ambitions de la maison des Grignan. Très tôt, la préoccupation d'établir leur héritier apparaît, or celui-ci n'a guère que sept ans, en 1678, lorsqu'elle écrit au comte :

« Mon très cher Comte, vous faites bien d'être appliqué à rendre votre régiment tout des meilleurs ; il ne faut pas qu'il soit cassé. Nous avons un petit colonel à mettre à la tête ; ce serait dommage que nous perdissions cette place. Pour moi, je suis persuadée qu'il sera plus heureux que nous et que, ne pouvant espérer des grâces personnelles, nous en aurons pour notre petite créature. Je le voudrais déjà en âge d'une survivance ; il me semble qu'il l'aurait. »

Mme de Grignan avait là une vision pessimiste et quelque peu tragique. Elle craint l'oubli du Roi du fait de leur éloignement de la Cour, et malgré les grands services rendus ; elle transfère donc leurs espoirs sur le jeune marquis. Ce manque de confiance en soi, cette résignation exaspèrent Mme de Sévigné qui s'indigne :

Et pourquoi vous tenez-vous pour éconduits ? Quel âge avez-vous, s'il vous plaît ? Et d'où vient donc que vous vous enterrez comme Philémon et Baucis*? N'êtes-vous point aimés ? N'êtes-vous point aimables l'un et l'autre ? N'avez-vous pas de l'étoffe pour présenter au Roi ? Votre nom est-il barbare ? N'est-il point en train de vous faire du bien ? les grâces passées ne répondent-elles pas de celles qu'on espère ? Les temps sont-ils toujours pareils ? Ne change-t-on point ? La libéralité n'est-elle pas ouverte ? D'où vient donc que vous ne voyez, dans un avenir lointain, que le petit marquis ?

Quel plaidoyer pour un optimisme conquérant ! Mais ce n'est pas ainsi que réagira Mme de Grignan et son courage, son renoncement susciteront finalement l'admiration de sa mère :

Ne voulez-vous pas bien me permettre présentement, ma chère bonne, de passer derrière le rideau et de vous faire venir sur le théâtre ? Votre rôle est héroïque et d'un cothurne

*héros des *Métamorphoses* d'Ovide mises en rondeaux par Benserade.
(L'œuvre de La Fontaine est postérieure.)

qui passe toutes mes forces. Il me semble que vous avez le monde à soutenir et, si vous n'aviez cette maxime de l'Évangile, qu'à chaque jour et à chaque heure suffit son mal (c'est ce que vous y avez ajouté), vous ne soutiendriez pas tout ensemble les peines et les soins, les prévoyances et les ordres à donner, mais surtout les impossibilités dont vous me paraissez surchargée et accablée. Ma bonne, quelle force Dieu vous a donnée! Vous me faites souvenir d'Horace, qui sépara ses ennemis pour les combattre séparément; ils étaient trop forts ensemble. Cette pensée lui réussit, et à vous celle de la patience chrétienne, qui vous fait combattre et souffrir jour à jour, heure à heure, ce que la Providence a commis à vos soins et à vos ordres. Cet état est tellement au-dessus de ma portée que je joins l'admiration à la part que mon cœur m'y fait prendre, et que vous ne doutez pas qui ne soit grande et sincère.

Cette *femme forte*, influencée par son «père*», donc *philosophe* dit la marquise, se sacrifie et elle n'en ressentira que plus vivement, en 1704, la mort du petit marquis, dernier espoir de la lignée des Grignan.

Cette disparition à trente-trois ans, dans la fleur de l'âge, sans avoir encore eu d'enfant, désespérera une mère épuisée qui le rejoindra dans la mort moins d'un an plus tard.

Le souci du maintien de la maison des Grignan, de la lignée, avait ainsi accaparé son énergie, ses pensées, son dévouement depuis des années. Mais au début de sa vie d'épouse à Grignan, la jeune comtesse est toute à son bonheur, encore confiante en l'avenir. François et Françoise-Marguerite, tels Philémon et Baucis, sont pour le moment les heureux représentants des Grignan,

> «attachés à votre maison
> au delà de toute raison.
> Salut à tous deux!»

pourrait-on dire en parodiant Bussy-Rabutin et son complice Lenet, un certain 27 mars 1646, s'adressant à Marie de Rabutin Chantal, retirée aux Rochers avec son Henri de Sévigné pour époux:

Marie de Rabutin Chantal s'était retirée, aux Rochers, avec Henri de Sévigné, son époux.

«Salut à vous! gens de campagne…
Peut-être aussi que le ménage
Que vous faites dans le village
Fait aller votre revenu
Où jamais il ne fut venu…
Sans compter l'octroi de la fête
De lever tant sur chaque bête,
De donner des permissions,
D'être chef aux processions,
De commander que l'on amasse
Ou pour la pêche ou pour la chasse,
Rouer de coups qui ne fait pas
Corvée de charrue ou de bras…»

Cette évocation badine mais exacte de la vie de tout seigneur en ses terres souligne l'aspect «alimentaire» de leurs séjours à Grignan, en un siècle caractérisé par une économie de «subsistance», dépourvue de moyens monétaires suffisants et donc d'échanges importants, et où la terre est encore la source essentielle de la richesse gérée par les liens féodaux.

Et Grignan, ce *bon pays*, est le fief principal d'un système féodal

aux liens de réciprocité multiples. Il assure la subsistance des Adhémar qui veillent sur sa sécurité et le protègent. Les franchises* des habitants ont été reconnues à nouveau dès 1516 (28 septembre) lors de l'accession à la seigneurie de Louis-Adhémar, baron de Grignan, après la mort de Gaucher, son père. L'inventaire des biens laissés fait état des nombreux pouvoirs de juridiction, des revenus du seigneur et de ses possessions. Parmi celles-ci : le château seigneurial « avec ses enclos et cortillages », mais aussi hors-château tout ce qui va permettre la vie quotidienne : fermes de Sarson, Grange-neuve et du Portalier, granges, four et moulins banaux, potager, vignes, étangs, garenne… ainsi que les corvées dues. La baronnie avait été érigée en Comté à Villers-Cotterêt, en 1558 (4 juin) et les droits féodaux reconnus à nouveau en 1585 par la population envers Louis-Adhémar de Castellane dont la légitimité avait été contestée.

Que fournit donc ce *bon pays* à la table du seigneur et de sa maisonnée ? Des céréales, cultivées et transportées en ses greniers, le

*elles existaient depuis 1283

Ce moulin dépendant du château existe toujours au bord du Lez : était-ce le gruaire ou le moulin à huile ?

*émines ou minots : environ un demi-setier (soixante-dix-huit litres)

*impôt sur la marchandise : viande, vin, etc.

foin et les émines* d'avoine en ses écuries de Costefroide, l'huile extraite des olives en son moulin du Lez, le sel en minots* dans son grenier à sel. Des chapons et des poulets livrés par les fermiers à la Saint-Jean, à la Toussaint et à la Saint-Martin, ainsi que des veaux de lait d'un mois. Toutes les langues des bœufs et vaches tués chez le boucher sont dues au seigneur, ainsi que la moitié de la « rêve* » de la boucherie. Chaque foyer apportait une poule par an en 1732, sans doute en faisait-il autant en 1672. Cela représentait environ trois cent cinquante volailles à l'année. Au potager, en Chalerne, on cultive « racines » et légumes ; et tout possesseur d'un parc de brebis doit fournir sept livres et demie de fromage par an. La chasse est interdite de Pâques à la Saint-Michel aux villageois, mais autorisée et pratiquée toute l'année par le seigneur. L'on déverse ainsi son comptant de gibier sur la table seigneuriale : souvenez-vous... ces *cailles dont la cuisse se sépare du corps à la première semonce... ces tourterelles... ces perdreaux nourris de thym et de marjolaine, quel fumet ! d'exquis ortolans,* enfin le colombier, la garenne et même la basse-cour constituent cette *mangeaille.* Le tout s'apprête avec cette *huile admirable* qui permet de cuisiner *d'excellent poisson*. Les vins de Chusclan et de Saint-Laurent arrosent le tout divinement et prolongent la vie! Que demander de plus!

La communauté villageoise participe aux corvées, à l'entretien des chemins qui doivent être «carrossables» – au sens propre du terme – des murailles, des canaux amenant l'eau du Lez, de la Chalerne... à l'entretien et à la construction des ponts sur la Berre, le Lez. Les villageois versent le «vingtain» sur le sel, la vendange, les grains et les légumes. Mais il faut aussi régler des banalités au four, aux moulins (huile et grains). Ils contribuent aussi aux «cas impériaux», c'est-à-dire aux circonstances exceptionnelles comme les naissances, mariages, décès, nominations... cette contribution est décidée au conseil du village, où siègent les représentants du village ou «consuls» désignés par la population. Les cadeaux sont parfois en espèces mais le plus souvent en nature: gibier, veau, mouton, avoine en 1658 pour le mariage de François de Grignan avec Angélique-Clarisse d'Angennes; lits et chandelles pour la compagnie du comte... barraux* de vin pour les baptêmes. Et tout particulièrement, en novembre 1671, pour la naissance de Louis-Provence à Lambesc, le conseil décida d'envoyer soixante à quatre-vingt livres des plus belles truffes, des perdrix, des coqs d'Inde et des chapons... un vrai festin en perspective pour célébrer l'héritier enfin donné!

*fûts d'environ cinquante à soixante litres

Ces versements sont plus ou moins bien respectés selon les relations du seigneur et du village. Il semblerait que François de Grignan ait eu de bonnes relations avec son conseil de commune, étant donné la qualité des dons prévus, et de plus, en août 1668, le dit conseil envoie un député à Mazargues, où le comte se trouvait malade, pour lui «témoigner sa douleur!» Quand on sait le coût de chaque déplacement, c'est un témoignage de prix!

Les redevances dépassaient le seul village de Grignan puisque le comte étendait son autorité sur Camaret, Chantemerle, Clansayes, Colonzelle, Montségur, Réauville, Salles, Allan, mais aussi Apt, Aubignan, Saint-Nazaire, Saint-Auban, Montdragon, Salon, les Baux, Saint-Tropez, Oron... Il n'était, à cette époque,

que suzerain des descendants d'Antoine Escalin pour la Garde-
Adhémar, Valaurie. Ces liens complexes nés de la féodalité sont
le jeu des rivalités, ambitions, successions et ont connu de
constantes et subtiles modifications.

A ces droits féodaux se juxtapose l'autorité religieuse des frères
archevêques du comte qui contrôlent les différents prieurés,
églises et abbayes. Ceux-ci, pour simplifier la situation, dépen-
dent soit du diocèse de Saint-Paul-Trois-Châteaux, soit de Die en
Dauphiné. Et sur le territoire de Grignan, le cimetière était
curieusement partagé : l'église Saint-Vincent dépendait de Die et
Notre-Dame de Beaulieu de Saint-Paul…

Le chapitre de l'église Saint-Sauveur, en 1664, lors de la visite
épiscopale, reçoit la dîme des prieurés des Tourettes, du Val-des-

Nymphes, de Revest, de Colonzelle, d'Ortigues, Clansayes, Camaret, Montségur, Grillon, Saint-Arnaud et même d'Aix, d'Esparron, et de Pallières.

Tout ce tissu d'allégeances, d'obligations, de protections crée un réseau de solidarité autour de Grignan, dont la population était relativement importante à cette époque. La visite épiscopale de 1664, faite par l'oncle-évêque Jacques Adhémar de Monteil, fait état d'environ deux mille deux cents âmes*, dont cinq cents familles catholiques et vingt protestantes.

*actuellement, Grignan compte environ mille trois cents habitants

Mais vu du château, Grignan, aux maisons regroupées sur les flancs du rocher, c'est aussi un somptueux paysage, une nature provençale d'une grande beauté, bien qu'elle fut critiquée par notre marquise. Avant même d'y poser son pied délicat, ce ne sont que lamentations :

> *Je ne vois que des pierres, des rochers affreux... où se mettent les rossignols pour chanter ?*

Et son désespoir continue, reprenant les pleurs de la Philomèle de La Fontaine : «Le désert est-il fait pour des talents si beaux ?» Mme de Sévigné connaît surtout Livry, les Rochers, et ne peut contraindre son imagination, pourtant fertile, à lui représenter ces déserts... Son amour pour les arbres, qui lui offrent leur ombrage lors de ses promenades quotidiennes, mais aussi le chant des oiseaux, tout particulièrement ce cher rossignol, est une constante de ses descriptions de la nature. Une nature qu'elle perçoit avec beaucoup d'originalité : elle est très sensible aux variations de couleur :

> *Que pensez-vous donc que ce soit que la couleur des arbres depuis huit jours ? Répondez. Vous allez dire : «Du vert.» Point du tout, c'est du rouge. Ce sont de petits boutons, tout prêts à partir, qui font un vrai rouge, et puis ils poussent tous une petite feuille, et comme c'est inégalement, cela fait un mélange trop joli de vert et de rouge. Nous couvons tout cela des yeux.*

Rochecourbière, la jolie grotte où l'on se promène, dîne et chante agréablement. Cette carte postale ancienne nous la décrit au début du siècle, et rien n'a changé depuis.

Et, magicienne, elle *mitonne* le printemps :

> *J'ai si bien fait que le printemps est achevé. Tout est vert. Je n'ai pas eu de peine à faire pousser tous ces boutons, à faire changer le rouge en vert. Quand j'ai eu fini tous ces charmes, il a fallu aller aux hêtres, puis aux chênes ; c'est ce qui m'a donné le plus de peine et j'ai besoin encore de huit jours pour n'avoir plus rien à me reprocher. Je commence à jouir de toutes mes fatigues, et je crois tout de bon que non seulement je n'ai pas nui à toutes ces beautés, mais qu'en cas de besoin je saurai fort bien faire un printemps, tant je me suis appliquée à regarder, à observer, à épiloguer celui-ci, ce que je n'avais jamais fait avec tant d'exactitude.*

Le peintre ayant achevé de colorer son univers, ce sont les formes qui l'inspirent et elle anime de façon burlesque les clairs de lune de *figures nocturnes* qui rappellent les silhouettes sculptées par Alberto Giacometti :

*Je ne pus résister à la tentation. Je mets mon infanterie
sur pied. Je mets tous les bonnets, coiffes et casques qui
n'étaient point nécessaires; j'allai dans ce mail, dont
l'air est comme celui de ma chambre. Je trouvai mille
coquecigrues, des moines blancs et noirs, plusieurs
religieuses grises et blanches, du linge jeté par-ci par-
là, des hommes noirs, d'autres ensevelis tout droits
contre des arbres, des petits hommes cachés qui ne
montraient que la tête, des prêtres qui n'osaient appro-
cher. Après avoir ri de toutes ces figures, et nous être
persuadés que voilà ce qui s'appelle des esprits et que
notre imagination en est le théâtre, nous nous en
revînmes sans nous arrêter, et sans avoir senti la
moindre humidité.*

Henri Bordeaux lui décernait le titre de « poète des feuilles » et

Ce ruisseau, aujourd'hui en contrebas de la place Castellane, était encore au début du XIXe siècle une charmante rivière. Gravure relevée dans l'ouvrage du baron Taylor au début du XIXe siècle. (Bibliothèque municipale de Lyon)

Il s'agit de cette œuvre de Giacometti : Clairière à sept ou neuf figures

ses visions lui permettraient d'animer de modernes marionnettes ou de sculpter une autre « clairière* ». Que de talents ! En vain cependant cherchera-t-elle de hautes futaies à Grignan, mais elle trouvera d'épaisses forêts au nord du village, où il ne fait pas bon s'aventurer. Seuls les pommiers, les figuiers de la prairie étendront leur ombre secourable, encouragés par les cigales qui craquettent, et enfin Rochecourbière trouvera grâce à ses yeux : *la jolie grotte* où l'on ne *se mouille* pas, bien qu'il y ait une petite source, mais où l'on se promène, l'on dîne et chante agréablement :

> « Le dîner de Rochecourbière m'a fait venir l'eau à la bouche. Je vois d'ici ce lieu enchanté, et j'en connais tout le mérite… »

s'exclame son cousin Coulanges en réponse à sa lettre. Située à environ huit cents mètres du château, vers le sud, cette grotte est abritée par le rocher en surplomb, un petit théâtre de verdure l'entoure, et la prairie, le château offrent leur décor paisible. Le chevalier de Grignan, frère du comte, y fit faire quelques aménagements :

> *Monsieur le Chevalier veut donc aussi faire des accommodements. Ah! que j'approuve celui de Rochecourbière! Ce lieu rustique sera charmant. Ce sera la grotte d'Angélique*... destinée aux bons et extraordinaires repas; je les connais, ce sont assurément les meilleurs.*

*héroïne du *Roland furieux* de l'Arioste

A défaut de se mouiller dans des grottes, Mme de Grignan apprécie la fraîcheur de l'eau du Lez, de la Chalerne, ces *petites rivières,* ce qui ne manque pas d'inquiéter aussitôt la vigilance de sa mère. M. de Grignan, quant à lui, préfère la chasse bien sûr, et sa femme l'accompagne parfois :

> *Je vous trouve fort jolie de vous être levée si matin pour le voir tirer vos lapins.*

Le comte se passionne aussi pour le jeu du mail; il semble que ce mail se trouvait à l'ouest du village, à l'Autagne. Et le jeu consistait à faire passer une *boule de cinq onces pesant* sous une «passe», porte ou archet, en un minimum de coups ou «passes», à l'aide d'un maillet. M. de Grignan s'y révélait fort habile :

> *Nous songeons tous les jours à lui dans ce mail, et avec quelle bonne grâce il irait en passe en deux coups et demi.*

Près de la place du jeu de ballon, dans le village, au nord, existait sans doute un jeu de paume.

En dehors des fêtes et réceptions du château, «tant de plaisirs» auxquels la marquise regrette de ne pas pouvoir participer, les Grignan prennent part à des festivités villageoises à l'occasion du carnaval et de la Saint-Jean. Ils vibrent ensemble aussi lors des deuils, comme celui de l'archevêque d'Arles, et

lors des célébrations des victoires comme celle de Maëstricht. A cette occasion, le comte fit célébrer un *Te Deum* à la collégiale ; des feux d'artifices et des bals égayèrent le village.

Un seigneur, une famille, un village… une certaine harmonie semble exister entre eux, une solidarité que le comte saura défendre dans les temps troublés par la disette qui vont suivre. Cet attachement à ces «terres adjacentes» de Provence sera parfois reproché aux Grignan, en un siècle où le Roi-Soleil apprécie des courtisans plus proches de lui, plus «domestiqués». Malgré les appels de la marquise, qui sent bien où se trouvent les faveurs, malgré de nombreux séjours à Paris et à la Cour, les Grignan vivent à l'heure provençale et parcourent leur merveilleuse province. Mme de Grignan, Mme de Sévigné accompagnent souvent le comte dans ses déplacements : mais où peut-on *se trotter* en Provence ?

Une galère à Marseille.

Chapitre V

OÙ PEUT-ON SE TROTTER EN PROVENCE ?

VOUS N'IREZ PAS EN BARBARIE, MAIS IL Y AURA BIEN DE LA BARBARIE SI CETTE FATIGUE VOUS FAIT DU MAL… ENCORE UN *DRAGON* POUR UNE MÈRE INQUIÈTE que la providence sépare cruellement de son enfant chérie :

> *Quand je serai près de notre Océan… je songerai que votre*
> *plus proche voisine est la Méditerranée.*

Les craintes s'accumulent tout au long de cet espace qui sépare dramatiquement Mme de Sévigné et Françoise-Marguerite. Elles tentent l'une et l'autre de le réduire par la promptitude, l'intensité de leur correspondance, tissant ainsi de mille mots leur orbe affectif et rêvant de leurs retrouvailles. Cet éloignement bien réel, ressenti à l'occasion en lieues cahotantes et empoussiérées, est accentué par ce terme de Barbarie, abusif et exagéré, qui exprime à la fois une répulsion, une crainte et une séduction pour une contrée toute simple : la Provence.

Cette récente* province est certes éloignée de Paris, de la Cour, de *ce pays-ci*, et donc mal connue ; pourtant, les amis de Mme de Sévigné et particulièrement Voiture* en ont vanté déjà les charmes :

*récemment attachée : 1481

*Vincent Voiture, poète, fréquente l'hôtel de Rambouillet

> « Nous nous approchons tous les jours du pays des melons,
> des figues et des muscats, et nous allons combattre en des
> lieux où nous ne cueillerons point de palmes qui ne soient
> mêlées de fleurs d'oranges et de grenades. »

Elle est, à l'époque, grossièrement délimitée par le Rhône, le Var, l'Ubaye et la Durance. Bien sûr, au sud veille la Méditerranée que l'on craint alors et, au nord, les limites sont plus imprécises, avec des empiétements, des imbrications, des statuts particuliers de terres adjacentes de Provence, dont le comté de Grignan.

Mme de Sévigné ne connaîtra enfin cette région qu'à partir de juillet 1672, date de son premier voyage, et elle n'y retournera guère que deux fois. Sur les dix-neuf années et demie où mère et fille seront réunies, seuls quatre ans quatre mois sont provençaux. Et les années de séparation ne totalisent en fait que huit ans et quatre mois : c'est peu en comparaison ; «ma belle, qu'avez-vous à crier comme un aigle !» dirait Mme de La Fayette, et cependant ces années seront la source fructueuse de lettres passionnées et passionnantes.

« Je voudrais que vous sussiez ce que m'est devenu le mot de Provence, de Marseille… »

Dès le départ de sa *chère bonne,* avant même d'y poser son pied léger, la marquise «s'est fait le château de Grignan», y place miroirs et meubles, elle se «fait une Provence» comme elle «fait le printemps» et aussi la guerre. Qu'à cela ne tienne, son imagination nourrie de lectures romanesques, de références musicales, de récits amicaux, dresse déjà un décor coloré, odorant et animé :

> *Je ne connaissais la Provence que par les grenadiers, les orangers et les jasmins ; voilà comme on* nous la dépeint.*

Et aussitôt, malgré la méfiance, elle adopte cet univers nouveau avec sa fougue habituelle :

> *La Provence est devenue mon vrai pays. C'est de là que viennent tous mes biens et tous mes maux.*

*couleurs variées, vairons en fait, selon Bussy-Rabutin

Marie de Rabutin Chantal, «aux yeux bigarrés*», a une vision «bigarrée» de la Provence, vision fortement teintée par ses sentiments qui lui font adopter, repousser, craindre, aimer, haïr les lieux évoqués. En même temps que les réminiscences littéraires, ses états d'âme et de cœur rythment ses découvertes et lui permettent ou non d'en admirer les beautés. Les paysages en soi ne l'intéressent pas toujours et beaucoup de descriptions manquent. Elle reconnaît très finement : *Il y a des âges où l'on ne regarde que soi,* et c'est souvent le cas des très jeunes, ou très épris, qui traversent l'espace sans voir autre chose que leur cher souci. Mais dans le cas de Mme de Sévigné, elle ne pense qu'à sa fille et tout en est imprégné, coloré ou occulté.

Plusieurs sentiments se succèdent, l'agitent vis-à-vis de la Provence : à une certaine crainte, méfiance, succède l'étonnement devant la diversité des Provençaux, puis l'adoption enthousiaste : *Je suis provençale, je l'avoue.* Mais bien que cette région de beauté, de prestige lui semble convenir à sa chère Maguelonne, elle n'hésite guère à émettre des critiques, des indignations devant les habitudes, les coutumes provençales. Son enthousiasme sera aussi assombri par les difficultés du comte à gouverner, à asseoir son autorité, et surtout par les déboires de santé de sa fille.

Les impressions les plus fortes, immédiates et presque définitives, sont celles de son premier séjour, où tout n'est que découvertes :

> *Vous voyez bien, mon cousin, que me voilà à Grignan. Il y a justement un an que j'y vins… depuis cela j'ai été dans la Provence me promener.*

Elle ne fera que renforcer, étoffer sa première vision par la suite et l'on peut dès lors distinguer ses préférences et les présenter selon leur éclairage particulier.

L'enthousiasme, la passion, vont surtout vers Marseille, dont elle a déjà eu un aperçu par les récits de ses amis Voiture et Melle de Scudéry, et dont elle avait étendu la vision enchanteresse *des grenadiers, orangers et jasmins* à toute la Provence. Or, cette Provence-là, très méditerranéenne, reste limitée à Marseille… c'est aussitôt l'éblouissement d'un panorama qui, après avoir enchanté Grecs et Romains, ne pouvait que séduire par sa splendeur, son ampleur, notre visiteuse.

« La Viste*, lo visto », ce quartier maintenant encombré d'immeubles, permettait alors de découvrir d'un seul coup d'œil la rade de Marseille ponctuée de navires, entourée de bastides, de mon-

*la vue : correspond au quartier Saint-Louis, au nord de Marseille

116

Dans le quartier de la Belle de Mai,
peinte sur les murs, cette poupe
de galère d'apparat.

tagnes, mais aussi les *galériens sous la pesanteur de leurs chaînes* et le grouillement d'une foule bruissante et colorée. Elle décrit cette population avec un pittoresque tel que l'on croit voir évoluer des personnages d'Alexandre Dumas :

> *La foule des chevaliers qui vinrent hier voir M. de Grignan ; des noms connus, des Saint-Herem ; des aventuriers, des épées, des chapeaux, du bel air, des gens faits à peindre, une idée de guerre, de roman, d'embarquement, d'aventures, de chaînes, de fers, d'esclaves, de servitude, de captivité : moi, qui aime les romans, tout cela me ravit et j'en suis transportée.*

Tant d'animation l'impressionne au point de lui donner l'illusion d'une population plus importante qu'elle ne l'était réellement :

> *Je demande pardon à Aix, mais Marseille est bien joli, et plus peuplé que Paris* : il y a cent mille âmes.*

Marseille ne comptait alors que quatre-vingt-dix mille habitants et

*Paris compte alors environ quatre cent soixante-dix mille habitants

118

Paris demeurait de loin la ville la plus peuplée du royaume. Comment y dénicher *quelque prince Alamir*? La princesse Cléonisbe* et Péranius*? Thrasibule* et Alcionide*?* Tout ce romanesque donne à la cité phocéenne un charme exotique. *Et l'air en gros y est un peu scélérat,* ajoute-t-elle, constatant cette ambiance cosmopolite exubérante. Nous sommes bien au bord de la Méditerranée, mer de toutes les découvertes, de tous les échanges inattendus. Et l'on peut imaginer que les propos, les exclamations fusaient alors avec la même vivacité, la même verdeur, et une certaine truculence que Marcel Pagnol prêtera, bien plus tard, à Honorine, César, Marius, Fanny... et autres Escartefigue !

Même le mauvais temps que *le diable déchaîne en cette ville* n'altère pas sa bonne humeur quand elle reçoit, comme sa fille précédemment, les honneurs de la ville. Reçue non *comme la Reine*, mais comme la Reine mère, cette « maman-mignonne », parisienne de renom, s'enchante de cet accueil. Si elle a craint pour sa fille :

La rade de Marseille entourée de bastides.

119

Je crains pour votre santé. Vous avez été étourdie du bruit de tant de canons et du « hou » des galériens ;

en revanche, pour elle *fi ! de tout cela*. Elle saura apprécier l'hospitalité de M. de Marseille*, la harangué de Mme l'Intendante, le bal masqué du gouverneur-viguier* de Marseille :

> *Le gouverneur me donna des violons, que je trouvai très bons. Il vint des masques plaisants. Il y avait une petite Grecque fort jolie ; votre mari tournait autour. Ma fille, c'est un fripon ; si vous étiez bien glorieuse, vous ne le regarderiez jamais.*

Mme de Grignan n'avait pu, en effet, accompagner sa mère et son époux, attendant une naissance très proche. La visite de la ville se poursuivra, la marquise toujours chaperonnée par Toussaint de Forbin-Janson, évêque de Marseille depuis 1668 :

> *J'ai été à la messe à Saint-Victor avec l'évêque ; de là par mer voir la Réale* et l'exercice, et toutes les banderoles, et des coups de canons, et des sauts périlleux d'un Turc. Enfin on dîne, et après dîner, me revoilà sur le poing de Monsieur de Marseille, à voir la citadelle et la vue, et puis à l'arsenal voir tous les magasins et l'hôpital.*

Tous ces souvenirs reprendront vie en 1680, quand le comte et la comtesse iront refaire ce voyage avec Mlles de Grignan et le jeune marquis au cours d'une *trotterie inutile*, déclare Mme Mère. Ledit voyage comportera une véritable expédition *sur la mer* à bord de la Réale jusqu'au château d'If, où un repas sera servi, un opéra exécuté et le retour sera assuré à la lueur de plus de deux mille lampions.

La féerie de ces moments la touche moins que précédemment tant la santé de sa fille l'inquiète. Ce n'est plus le ton allant et badin du premier séjour. Elle n'en indique pas moins les étapes obligées :

> *Ne faudra-t-il point aussi que vous alliez montrer Toulon, Hyères, la Sainte-Baume, Saint-Maximin et la fontaine de Vaucluse à Mlles de Grignan ?*

Elle ne conseille guère d'aller à Monaco où Mme de Grignan avait

*évêque de Marseille : Toussaint de Forbin-Janson

*Le consulat élu a été supprimé après la révolte des Marseillais contre Louis XIV. Le gouverneur concentre les pouvoirs administratifs, judiciaires et militaires

*La *Patronne* et la *Réale* sont les deux plus grandes galères qui servaient à l'apprentissage des rameurs et aux fêtes pour les visiteurs de marque

Ledit voyage comportera une véritable expédition sur la mer à bord de la Réale jusqu'au château d'If où un repas sera servi.

risqué sa vie par monts et par mer ; en revanche, la Sainte-Baume lui paraît un lieu privilégié. Cette appellation de Sainte-Baume, dérivée de *baoumo*, grotte en provençal, s'étend à la fois au massif, à la forêt et à la fameuse grotte. Ce serait dans celle-ci que, selon la tradition, sainte Marie-Madeleine aurait fini ses jours dans la pénitence… Ces lieux devinrent un but de pèlerinage, ce qui entraîne Mme de Sévigné à les comparer à Notre-Dame-des-Anges, près de Livry :

> *C'est donc votre Notre-Dame-des-Anges… Adieu, je ne vous en dirai pas davantage aujourd'hui. Je m'en vais à la Sainte-Baume ; je m'en vais dans un lieu où je penserai à vous sans cesse, et peut-être trop tendrement.*

La similitude imaginée des lieux lui permet un voyage dans l'espace, portée par les ailes de ses sentiments, et cette ambiance de recueillement l'aide aussi dans ses réflexions, ses efforts pour *devenir dévote* et moins aimer sa fille. La forêt exceptionnelle rappelle celles d'Ile-de-France avec ses ifs séculaires, ses hêtres géants, ses tilleuls et ses érables. Notre «poète des feuilles» ne peut qu'en être touchée ; de plus, Françoise-Marguerite aurait été peinte en Marie-Madeleine, dans un décor de grotte, par Laurent Fauchier, peintre provençal :

Quelle audace de vous faire peindre ! Je m'en réjouis ; c'est signe que vous êtes belle.

La sainte allait, disait-on, entendre les «concerts du Paradis» au Saint-Pilon, autrefois simple colonne, d'où son nom, remplacée par une petite chapelle en forme de dôme, à neuf cent quatorze mètres de hauteur. De là, aussi, le panorama est somptueux, englobant le Ventoux, Le Lubéron, le mont Aurélien, le massif des Maures, les Alpilles et la montagne Sainte-Victoire. Cet amphithéâtre de pierres réunit tant de beautés austères et pures dans leur blancheur entrecoupée de végétation, tant de lieux aimés par sa très chère comtesse qu'elle en est toute *pétrie* et émerveillée. Des harmonies, des *rendez-vous d'esprit**, des correspondances peuvent s'y établir et la remplissent d'une félicité quasi divine.

*convenir d'un moment où l'on pensera à l'autre, chez les Précieux

Portée par ce bonheur, il ne lui reste plus qu'à se recueillir encore sur le tombeau de la sainte en la basilique de Saint-Maximin, avant d'atteindre Fontaine-de-Vaucluse. Là, Pétrarque l'attend, elle qui *honore les antiquités*, auprès de *cette divine fontaine*, transi dans son amour pour Madonna Laura. Il confiait ses vers passionnés aux eaux d'un vert émeraude qui jaillissent et bondissent, ourlées d'écume, encadrées de rochers et de figuiers étonnés :

> «Quand je me suis tout absorbé dans la contemplation du beau regard lumineux de Madonna, il me reste dans la pensée une flamme qui me brûle et me consume de part en part.» (Pétrarque, *Sonnets choisis*)

La seule main de Pétrarque suffisait pour engendrer le romanesque et accompagner les souvenirs. L'on peut ensuite prendre le chemin du retour vers Grignan, en passant par Noves et Bonpas, qui semblent être les dernières bonnes étapes aux yeux de Mme de Sévigné avant que sa fille ne se mesure avec la Durance ou le Rhône :

> *Vous vous moquez de la Durance ; pour moi, je ne reviens point de l'étonnement de sa furie et de sa violence. Je n'oublierai jamais les chartreux de Bonpas, «bon repas», car vous souvient-il quelle bonne chère nous y fîmes ? ah, mon enfant, j'étais avec vous ; ce souvenir m'est tendre.*

La fontaine de Vaucluse.

« J'étais avec vous, ce souvenir m'est tendre... » Quittant « la divine fontaine », la mère et la fille s'en retournent à Grignan et s'arrêtent à la chartreuse de Bonpas.

Toute la Provence ne peut apparaître seulement romanesque, riante et parfumée sous la plume de Mme de Sévigné. Les réalités s'imposent vite et ternissent quelque peu des évocations qui pourraient aussi être enchanteresses si les inquiétudes, les *dragons* d'une mère ne les assombrissaient. Il n'y a guère de descriptions vraiment complètes ou flatteuses d'Aix, Lambesc, Salon, Arles... villes capitales sur le plan administratif et religieux en Provence, où le devoir de sa charge appelait le comte de Grignan. Les difficultés rencontrées ont de telles conséquences sur la situation financière, la vie des Grignan, que Mme de Sévigné déplore ces « *affaires* » et en suit les péripéties. Une seule éclaircie, bien courte, en 1673, avec la victoire du comte à Orange, tranche sur l'austérité constante malgré le manque de confiance de Mme Mère :

> *Ce siège d'Orange me déplaît comme à vous. Quelle sottise ! Quelle dépense ! La seule chose qui me paraisse bonne, c'est de faire voir, par cette suite de M. de Grignan, combien il est aimé et considéré dans sa province ; ses ennemis en doivent*

123

enrager. Mais on a beau faire des merveilles, cette occasion n'apportera ni récompense, ni réputation. Je voudrais qu'elle fût déjà passée*...

Et trois jours plus tard :

Me voilà toute soulagée de n'avoir plus Orange sur le cœur... J'embrasse le vainqueur d'Orange, et je ne lui ferai point d'autre compliment que de l'assurer ici que j'ai une véritable joie que cette petite aventure soit finie comme il le pouvait souhaiter.

Il ne reste plus au comte qu'à exploiter utilement cette rapide victoire pour mieux asseoir son autorité sur la province.

Les Grignan séjournent donc surtout à Aix et Lambesc, Mme de Sévigné les y accompagne lors de ses séjours, mais ses lettres reflètent peu le cadre de vie tant les rivalités, les oppositions et parfois les déconvenues en obscurcissent sa vision.

En effet, la position du comte de Grignan dans la province est loin d'être simple. Son pouvoir est handicapé au départ par l'absence personnelle et réelle du gouverneur. A la mort du duc de Vendôme, en 1669, son fils Louis-Joseph n'a que quinze ans et malgré l'action habile et énergique de son homme de confiance Le Camus, il ne

Guillaume de Nassau, stathouder de Hollande, en guerre contre Louis XIV, avait confisqué des terres du comte d'Auvergne. La principauté d'Orange, appartenant à Guillaume, est alors occupée par l'intendant Rouillé et la citadelle où se trouve Berkoffer, gouverneur hollandais, est assiégée par le comte de Grignan

Se recueillir encore sur le tombeau de la sainte en la basilique de Saint-Maximin...

124

L'hôtel Cadenet-Charleval (1598) était la résidence des Grignan à Lambesc. On l'appelle aujourd'hui « le château Sévigné ».

peut gouverner et finalement ne se rendra en Provence qu'à deux reprises, en 1681 et 1694, pour n'y plus retourner. Il est investi, en droit, d'un pouvoir qu'il n'exerce pas mais qu'il peut à tout moment revendiquer, ce qui rend la position de M. de Grignan inconfortable. Et ce d'autant plus que le prestige de son père est grand, lui qui avait mis fin à la révolte fiscale des « sabreurs* », opposés aux « canivets » ou « taille-plumes », et qui avait ainsi contribué à pacifier cette Provence récalcitrante. Il reçoit les revenus de cette charge, soit trente six mille livres, plus quinze mille livres pour ses gardes et réclamera même le paiement de son secrétaire.

En revanche, M. de Grignan, comme lieutenant général, se voit accorder dix-huit mille livres et doit obtenir de l'assemblée des communautés, chaque année, le paiement de son secrétaire, le fort efficace sieur Davonneau, soit mille deux cents livres qui seront contestées par Le Camus* ; mais aussi le paiement de ses gardes, soit cinq mille livres, encore contesté par les Forbin, enfin le paiement de ses courriers au Roi. Cette situation injuste, où ce n'est pas celui qui exerce la réalité du pouvoir et en supporte les charges et difficultés qui reçoit juste rétribution, entraînera des conflits permanents. Elle repose sur un arrêt du Conseil du Roi fixant les appointements du lieutenant général avec « défense expresse de ne lui rien accorder de plus sous peine d'encourir l'indignation du Roi. »

A cette situation inconfortable s'ajoute une rivalité importante : celle de la maison des Forbin. En Provence, les Forbin ont une ancienneté d'autorité, de légitimité qui remonte à 1123. Lors du rattachement de cette province à la France, en 1481, grâce au testament de Charles III de Provence*, instituant Louis XI comme héritier, Palamède de Forbin, seigneur de Solliès, est investi des pleins pouvoirs. Louis XI le désigne «lieutenant et gouverneur général en ses comtés de Provence et de Forcalquier, seigneuries de Marseille et d'Arles et autres pays adjacents». Il signe désormais «Palamedes locumtenens» et ouvre, le 15 janvier 1482, l'assemblée des trois États qui consacre l'union de la Provence au royaume de France, considérée comme définitive en 1486.

*Charles du Maine, successeur du roi René, dernier représentant de la maison d'Anjou

Une telle ascendance, quelles qu'aient été les différentes branches*, le nombre de seigneuries, de charges municipales assumées, ne peut qu'apporter un grand prestige à quiconque porte ce nom. De plus, Louis XIII accepta d'être parrain du jeune Forbin d'Oppède, prénommé Louis de ce fait, et baptisé le 11 novembre 1622 en l'église Saint-Sauveur d'Aix. C'est lui qui deviendra ensuite évêque de Toulon, *Monsieur de Toulon* dit la marquise, jusqu'à sa mort en 1675.

*Forbin d'Oppède, de Solliès, de Janson

Toutefois les Grignan, dont l'ancienneté remonte à 1105, qui ont aussi accumulé les seigneuries, les charges municipales et religieuses, les alliances prestigieuses, qui ont accueilli François Ier en leur demeure… sont des rivaux d'importance mais dont les liens provençaux sont moins solides, tissés plus récemment.

Le duel pour s'approprier ou maintenir le pouvoir sur la Provence sera terrible, particulièrement à Lambesc au cours des assemblées annuelles des communautés, à Aix pour la conquête de l'hôtel de ville par l'élection des consuls, par la nomination des procureurs de pays, du syndic… Mme de Sévigné se fait l'écho de tous ces combats *(Ils se tiraillent les consuls à qui en aura le plus)* et voudrait bien s'improviser éminence grise. Oubliant que le comte, qui n'est pas un *jobelin*, n'a guère que six ans de moins qu'elle, qu'il a déjà été lieutenant général en Languedoc… elle n'hésite pas à le conseiller longuement :

Beffroi de Lambesc, avec horloge surmontée des automates Jacquemart et Marguerite.

126

La montagne Sainte-Victoire : cet amphithéâtre de pierres réunit tant de beautés austères et pures dans leur blancheur entrecoupée de végétation !

> *Je vous écris en mon propre et privé nom. Je veux vous parler de Monsieur de Marseille et vous conjurer, par toute la confiance que vous pouvez avoir en moi, de suivre mes conseils sur votre conduite avec lui. Je connais les manières des provinces, et je sais le plaisir qu'on y prend à nourrir les divisions.*

Il est vrai qu'elle connaît bien Toussaint de Forbin-Janson, évêque de Marseille, dont elle est contemporaine, puisqu'il est né en 1629 et elle en 1626 et, dit-elle :

> *Je reprends le fil de notre amitié de l'hôtel de Nevers, revue et augmentée par l'alliance de M. de Grignan, qu'il a tant souhaité et dont il est parent.*

Ces liens d'amitié au sein d'un cercle de Précieux, ces liens de parenté même lointaine qui règlent une certaine courtoisie, suffiront-ils à régler des rivalités de famille, de pouvoir ? La marquise se gargarise, presque en frétillant, d'un titre de *premier ministre*, dont on ne sait s'il est ironique, quand elle mobilise le ban et l'arrière-ban de la famille dans son offensive diplomatique :

> *Je m'en vais dimanche à Saint-Germain, avec Mme de Coulanges, pour discourir un peu avec M. de Pomponne*; je crois cette conversation nécessaire. Je vous en rendrai compte, afin que M. de Grignan m'appelle plus que jamais son «premier ministre». Adhémar a fait des miracles de son côté; Monsieur d'Uzès* du sien. Enfin il me semble que nous ne serons point surpris, et que nous avons bien pris nos précautions.*

*Simon Arnauld, fils de Robert Arnauld d'Andilly, et donc neveu du Grand Arnauld

*Jacques, oncle du comte de Grignan Adhémar de Monteil

Après la diplomatie, le charme; il ne faut rien négliger et notre amazone, en visite à Marseille, où l'évêque la reçoit fort courtoisement, affirme :

> *C'est l'affaire des deux doigts de la main.*

Adieu évêque, assemblée, gratifications... Malheureusement l'évêque maintient son intransigeante opposition; la déception sera cuisante et fera naître une haine tenace qui s'ajoutera à celle du Chevalier* et de la comtesse :

*Joseph de Grignan, appelé après 1672 le «Chevalier»
*l'évêque s'était opposé au paiement du courrier envoyé au Roi

> *Adhémar m'aime assez, mais il hait trop l'évêque*, et vous le haïssez trop aussi.*

Ce ne seront plus qu'accusations de fourberie, de traîtrise, de *ganelotonnerie**; elle est *dégoûtée* par l'attitude à l'assemblée de ce *fripon*, de cette *Grêle**, ce *Dom Courrier!*.. Enfin, la «défaite des Fourbin» amènera une accalmie sous le soleil de Provence, certes bien fragile et momentanée. Et M. de Pomponne, ministre des Affaires étrangères, assailli des doléances des Grignan, éloignera sous les honneurs ce trublion tenace vers la Pologne et Rome, comme ambassadeur. L'élévation au cardinalat, en 1690, couronnera somme toute une belle carrière, mais loin de Provence.

*mot forgé par Mme de Sévigné sur le nom du traître Ganelon, dans *La Chanson de Roland*
*elle se refère à Boileau :
Qui nomme un chat un chat et La Grêle est un fripon.

Sous les coups frappés par *Jacquemart et Marguerite**: «Arrêtez... A qui diable en avez-vous?» Lambesc et Aix sont le théâtre privilégié de cet affrontement qui révèle tous *les dessous de cartes* de Provence: un vrai lieutenant général sans vrai gouverneur, aux

*noms des automates du beffroi de Lambesc

Toutefois les Grignan, dont l'ancienneté remonte à 1105, qui ont accueilli François Ier en leur demeure... Cette salamandre est un témoin postérieur.

prises avec une famille glorieuse et établie, et qui voit aussi s'affermir l'autorité de l'intendant nommé par le pouvoir royal. Il s'agit là d'une période de transition, très révélatrice d'un réel transfert de pouvoir des gouverneurs – tenant leur autorité d'un système féodal, domanial et municipal – aux intendants, nommés par le Roi qui tente de centraliser le pouvoir en leur confiant des attributions cumulées.

L'exemple de la Provence en est assez révélateur : Henri de Forbin d'Oppède, nommé premier président du parlement en 1645, se verra investi des pouvoirs d'un intendant en 1667, ceux qui lui succéderont seront nommés par le Roi, sans autorité préalable dans la province. Ce seront, en 1672, Jean-Baptiste Rouillé de Meslay, puis en 1680 Thomas-Alexandre Morant, enfin, en 1687, Pierre-Cardin Le Bret à qui succédera son fils en 1704. Mais en 1690, c'est à l'intendant Le Bret que l'on confie la charge de premier président :

> *On me mande que votre intendant est votre premier président ; vous aurez un fort honnête homme. N'est-il pas des amis de M. de Grignan ?*

Devant ces cumuls, le comte de Grignan représente un pouvoir en voie de disparition et ses difficultés politiques et financières en sont le signe et la conséquence.

Lambesc et Aix, situées à une vingtaine de kilomètres l'une de

Cours Mirabeau, ombragé de platanes, agrémenté de fontaines et bordé d'hôtels particuliers, comme ceux des Forbin, des Pontevès…

l'autre, accueillent les Grignan pour l'assemblée des communautés de Provence – l'assemblée des états ayant été supprimée en 1639 – qui doit voter le « don gratuit » demandé chaque année par le Roi. Les Grignan prennent donc leurs quartiers d'hiver dans l'ancien palais du roi René*, à Aix même, place des Prêcheurs, réputée pour être très bruyante, qui abritait aussi le parlement, la « cour » et les gardes. Ce « noir palais », selon M. de Saporta, est aujourd'hui démoli et a été remplacé par le palais de justice et les prisons. Il ne semblait guère agréable à vivre :

*brillant roi de la dynastie des Anjou ayant régné sur la Provence (1409-1480)

> *Je comprends le bruit et l'embarras que vous avez dans votre rond*.*

*tour ronde du palais où était leur logement

Mme de Sévigné, qui est allée plusieurs fois à Aix, ne fait aucune description favorable à cette ville, pourtant capitale de Provence mais ville de tous les soucis. La ville se parait déjà du cours Mirabeau, ombragé de platanes, agrémenté de fontaines et bordé

130

Dans un désir de discrétion obligée se dresse le pavillon de Vendôme, entouré de jardins.

d'hôtels particuliers comme ceux des Forbin, des Pontevès, des Maynier d'Oppède… Mais surtout, plus au nord de la ville, dans un désir de discrétion obligée se dresse le pavillon de Vendôme, entouré de jardins. Le duc de Vendôme, gouverneur de Provence, le fit construire pour y vivre secrètement avec Lucrèce de Forbin-Solliès, veuve d'Henri de Rascas. Lui-même était veuf et vivait auparavant en l'hôtel de Rascas avec Lucrèce, surnommée «La belle du Canet» ou «Canette beauté», son mari défunt étant seigneur du Canet. Pour éviter une mésalliance, car le duc de Vendôme était petit-fils de Henri IV et de Gabrielle d'Estrées, il fut nommé cardinal en 1667. Leur idylle était condamnée à la discrétion en ce ravissant pavillon où, disaient les Aixois en provençal : «La machoto va veire lou grand-duc…» (la chouette va voir le grand-duc).

Dans les lettres inquiètes de Mme de Sévigné, seuls résonnent les échos bruyants du carnaval :

*« Vous me faites une relation divine
de votre entrée dans Arles... »
Ici, une vue de l'amphithéâtre
au XVIIe siècle.*

> *Vous êtes au bal, ma bonne, vous donnez de grands soupers,
> mon petit-fils est sur le théâtre et danse à merveille ; en véri-
> té c'est ce qui s'appelle le carnaval.*

De même que s'amplifient, en un tourbillon diabolique, les sorties
et les dépenses pour recevoir la fine fleur provençale :

> *Ne faites point si grande chère ; on en parle ici comme d'un
> excès... Vous avez donc baisé toute la Provence ; il n'y
> aurait pas de satisfaction à baiser toute la Bretagne, à moins
> que l'on aimât à sentir le vin. Vous avez bien caressé, ména-
> gé, distingué la bonne baronne...*

> *Vous êtes donc à Lambesc, ma chère bonne. Une plus grande
> gloire vous a appelé plus avant en Provence. Je crains bien
> pour vous l'excès des compliments et des visites ; vous n'êtes
> guère en état de suffire à tout cela.*

Quand le carnaval est terminé, c'est encore la Fête-Dieu qui étonne :

> *Vous me mandez des choses admirables de vos cérémonies
> de la Fête-Dieu*. Elles sont tellement profanes que je ne com-
> prends pas comme votre saint archevêque* les veut souffrir ;*

*donnait lieu à des «jeux
sacrés», plutôt païens

*l'archevêque Grimaldi

132

Le comte et la comtesse ne logeront point au palais des Papes, depuis longtemps délaissé par les légats et qualifié de « masure inhabitable » par François de Grignan.

il est vrai qu'il est Italien, et cette mode vient de son pays.

Et tout ceci se paie en espèces sonnantes et trébuchantes qui font réellement chanceler les Grignan :

> *C'est une étrange chose que d'avoir à réparer, six mois de suite, les dépenses d'un hiver à Aix.*

Bien évidemment :

> *Aix et Lambesc me plaisent moins que la liberté de ce château.*

Ces villes seront vite associées aussi à Salon et Arles, qui représentent davantage le pouvoir religieux de l'oncle*, puis du frère* de M. de Grignan. Ceux-ci sont aussi présents à l'assemblée des communautés et la métropole d'Arles contrôle les évêchés de Marseille, Saint-Paul-Trois-Châteaux et Toulon. A Salon s'élève encore le château de l'Empéri, qui servit de résidence aux archevêques. Mais Mme de Sévigné ne s'intéresse qu'aux brefs passages de sa fille en Arles :

> *Vous me faites une relation divine de votre entrée dans Arles. Mais il me semble que vous auriez grand besoin de vous reposer un peu... Vous êtes là comme la Reine.*

Les yeux fixés sur la gloire de sa fille, elle voit très vite le pont du Gard qui, bien qu'appartenant aux antiquités, manque sans doute de romanesque pour qu'elle s'y arrête.

L'archevêque d'Arles est aussi de bon conseil sur le plan financier et les difficultés vont en augmentant avec les obligations incontournables d'un lieutenant général. Celui-ci rembourse ordinairement les frais des villes qui le reçoivent : donc chaque triomphe, chaque accueil somptueux se solde par une série de factures ! C'est là une contradiction considérable entre la gloire que l'on recherche, ce qu'il faut pour tenir son rang, et l'impossible maintien d'un équilibre financier.

Une seule ville s'avérera salvatrice en ce domaine : Avignon. Ah ! *votre aimable Avignon.* Oublié, le mauvais souvenir d'une arrivée périlleuse près du pont Saint-Bénézet, la *bien échappée du Rhône* devient la reine d'Avignon... D'où vient cette manne céleste qui fera tomber de trente à quarante mille livres dans l'escarcelle des Grignan ? d'un conflit diplomatique et ecclésiastique entre Louis XIV et Innocent XI. Par représailles contre la participation de ce dernier à la ligue d'Augsbourg, contre son attitude dans l'affaire de Cologne, et à la suite d'une opposition propre aux autorités ecclésiastiques de France qui arborent un gallicanisme* intransigeant, Louis XIV a décidé l'occupation d'Avignon et du Comtat venaissin : *vous savez que La Trousse* a pris Avignon* dit sobrement et rapidement Mme de Sévigné, qui n'en connaît pas encore les conséquences pour sa fille. Le 7 octobre 1688, M. de La Trousse prit en effet officiellement possession de la ville, le vice-légat dut se retirer et ce fut M. de Grignan qui le remplaça dès le 3 novembre. Mme de Grignan ne s'y rendra qu'en juin 1689 :

> *C'est la Providence qui vous donne un tel secours... Vous prenez, ma bonne, une fort honnête résolution d'aller à votre « terre » d'Avignon voir des gens qui vous donnent de si bon cœur ce qu'ils donnaient au vice-légat.*

Le comte et la comtesse ne logeront point au palais des Papes, depuis longtemps délaissé par les légats et qualifié de « masure inha-

*doctrine dont l'essence est une méfiance, sinon une hostilité, à l'égard du pape et de la cour romaine. *(Dict. des lettres françaises du XVIIe siècle,* Fayard)

*cousin de Mme de Sévigné, fils d'Henriette de La Trousse

Une seule ville s'avérera salvatrice en ce domaine : Avignon.

bitable » par François de Grignan, mais au couvent des Célestins. Mme de Sévigné ne connaît Avignon que par les relations de son fils Charles, celles que lui fera sa fille et, bien sûr, l'image qu'une personne cultivée peut avoir de la cité des Papes :

> *Cette ville est belle ; elle est, ce me semble, toute brillante. Vous y aurez été reçue avec des acclamations. Je vous ai toujours accompagnée dans cette fête, car de la façon dont vous y avez été, c'est une fête perpétuelle.*

Et la magie continue pour celle qui accompagne son double tant aimé :

> *Je me promène tous les jours avec vous. Vous ne m'avez point vue ; on faisait trop de bruit à Avignon.*

Et dans le silence des bois, aux Rochers, une mère et un frère suivent le triomphe de Maguelonne :

135

Toutes vos descriptions nous ont divertis au dernier point, surtout votre frère, qui fut autrefois charmé de cette situation, de la douceur de l'air, de la fraîcheur de ces deux belles rivières... Mais ce que vous avez vu avec plus d'application que lui, c'est la noble ancienneté des églises... la beauté du chapitre, qui représente autant de cardinaux dont l'habit est magnifique.

Seules quelques ombres apparaissent tout de même dans ce tableau idyllique :

Je jouis de «votre beau soleil», des rivages charmants de votre beau Rhône, de la douceur de votre air, mais je ne joue point à la bassette, parce que j'ai peur de perdre. Cependant, je comprends que cette vie si agitée vous peut fatiguer. Vous avez veillé. Ce tourbillon est violent, en vérité je meurs de peur que vous n'en soyez malade.

Les «vieux dragons» sont de retour et surtout :

Je vous vois dans une dépense si violente que, si c'était pour plus longtemps, je vous dirais : vous me paraissez dans un grand bac au courant de l'eau, dont la corde est rompue.

Il est vrai que malheureusement ce bonheur ne va pas durer :

On dit que le pape est bien malade... et moi, je crains autre chose. Ma chère enfant, il faut être préparé à tout. Dieu donne et ôte comme il lui plaît.

Et Innocent XI va mourir le 12 août 1689 ; c'est une nouvelle donne, un nouveau pape Alexandre VIII et une autre approche diplomatique, faite de conciliation. Il va falloir se résigner : *ne parlons point de tout cela.* Mais si, parlons-en :

Nous ne le sommes (résignés) pas tant sur la perte que vous ferez de votre beau Comtat et d'Avignon. Quel séjour ! quelle douceur d'y passer l'hiver ! Quelle bénédiction que ce revenu dont vous faites si bon usage ! Quelle perte ! Quel mécompte ! J'en ai une véritable douleur.

À Salon, la façade XVIᵉ siècle du château
de l'Empéri.

Et le 26 octobre 1689, après un an et vingt et un jours d'occupation, le vice-légat put reprendre ses fonctions. *Ma basta*, dit notre italianisante en répétant la formule lapidaire de sa pauvre fille :

> *Otto bon « pape », le Comtat « rendu », le Roi et M. de Chaulnes « triomphants », et Mme de Grignan « ruinée ».*

Cette perte va entraîner à nouveau les Grignan dans le tourbillon des problèmes financiers, des dettes, des avances auprès du trésorier de Provence*, dont la faillite aggravera la situation... ce ne fut qu'une courte accalmie ; *ne parlons point de tout cela*, répète la marquise, inquiète et agacée car, dit-elle :

> *Qu'on ne me parle point de richesses si on n'a pas le bon esprit de les gouverner !*

Mais peut-on gouverner sa santé ? Si l'on peut reprocher le fait de veiller, de trop s'amuser, de ne pas éviter *d'être grosse*... peut-on en vouloir à une santé trop délicate ?

Chaque ville est aussitôt appréciée à l'aune de ses risques : Ainsi Lambesc :

> *Cette petite ville étouffée, où peut-être il y aura des maladies et du mauvais air ; cela me déplaît... où sévit la fureur de la petite vérole ; c'est un mal qu'on ne saurait trop éviter.*

*Jacques Le Blanc de Valfère, trésorier des états de Provence depuis 1673, prêtait sur revenus à échoir.

137

Aix-en-Provence, là aussi, «a un air empesté par la petite vérole».
Salon :

> *vous a redonné cette douleur et cette pesanteur au côté*
> *gauche, qui nous donne tant d'inquiétude.*

Saint-Andiol :

> *Avec votre pauvre petit garçon malade considérablement,*
> *une grosse fièvre, tous les signes de la petite vérole ou de la*
> *rougeole.*

Et même Grignan avec sa bise… Seules échappent aux critiques les villes chéries par Mme de Sévigné comme Marseille, Avignon… et, de façon exceptionnelle, Montpellier en Languedoc.

Pour elle-même, en 1672, pour son pied enflammé, elle a affronté les crues de la Vidourle, au pont de Lunel, et s'est remise difficilement de ses émotions, malgré *les ortolans, les perdrix, les faisans*, et la *glace*, envoyés aimablement par Mme de Calvisson, femme du lieutenant général en Haut-Languedoc. Et cette pauvre mère affligée, découragée devant sa petite *Marion* amaigrie, souffreteuse et dolente continue à consulter une faculté de médecine de grand renom qui confère à Montpellier une aura particulière. Elle s'adressait alors au très célèbre Docteur Barbeyrac et lui demandera conseil, jusqu'à la veille de sa propre mort, pour soulager son enfant par l'emploi de la rhubarbe.

D'autres villes apparaissent, vite mentionnées, rarement ou non décrites, quand le comte de Grignan, *ce triste voyageur,* doit s'y rendre : Toulon, les îles d'Hyères, Aigues-Mortes… vers cette côte qu'il faut défendre d'éventuels envahisseurs, où il faut remplir toujours et encore les devoirs de sa charge.

Mme de Sévigné, en ses Rochers, toujours prête à s'identifier à la vie de sa fille, à se transporter en imagination dans les lieux que celle-ci peut parcourir, s'est plongée dans la lecture de la *Vie du duc d'Épernon.* Celui-ci connut les temps déchirés des luttes entre les catholiques et les protestants, puis des royalistes opposés aux ligueurs jusqu'à la reconnaissance d'Henri IV et la pacification.

Ces rochers s'entassent, se dressent, se colorent d'un blanc éblouissant, ou parfois d'ocre, s'écorchent en « dentelles » sous les coups de boutoir du mistral.

Il dut quitter la Provence en 1596 et le récit de sa vie, par Guillaume Girard, retrace ses regrets de quitter ce beau pays et le décrit :

> *Quand je lis, dans la vie de ce vieux duc d'Épernon, quelles douleurs il eut d'être forcé à quitter son beau gouvernement de Provence, toutes ces belles villes, les paysages surgissent aussi dans sa vision d'une province bien différente de la Bretagne, de l'Ile-de-France et de la Bourgogne.*

Malgré les *grenadiers, orangers et jasmins* qui fleurissent plus près de la Méditerranée, toutes ces pierres, ces rochers déjà évoqués sont l'armature de l'ancienne Tyrrhénide* ; ils s'entassent, se dressent, se colorent d'un blanc éblouissant, ou parfois d'ocre, s'écorchent en « *dentelles* » sous les coups de boutoir du mistral et composent un tableau sauvage et imposant. Ils inquiètent un peu notre marquise ; ces *rochers affreux* et la végétation d'arbres persistants lui paraît fastidieuse :

*pays plus ou moins imaginaire datant de la formation du continent, complémentaire de la mer Tyrrhénienne

> *La persévérance de ceux de Provence est triste et ennuyeuse ; il vaut mieux reverdir que d'être toujours vert.*

139

Ce ne sont pas les seuls inconvénients de cette nature, le soleil et la chaleur sont extrêmes :

> *C'est un grand déplaisir que votre beau teint ne puisse soutenir l'air de Provence.*

Et plus gravement :

> *Votre soleil me fait peur. Comment ? Les têtes tournent ! On a des apoplexies comme des vapeurs ici, et votre tête tourne comme les autres !*

Voilà l'inadmissible, ce soleil qui fait tourner cette *chère tête*, qui pénètre jusque dans sa chambre ; cette chaleur qui semble tout immobiliser quand elle pèse sur la nature ; même le temps n'ose plus s'écouler, s'arrête, engourdi par la fournaise. Cela ne dure guère dès que la bise s'en mêle, chassant la torpeur mais réveillant tous les affres :

> *Que j'ai envie, ma bonne, que cette bise et ce vent du midi vous laissent en repos ! Mais quel malheur d'être blessée de deux vents qui sont si souvent dans le monde, et surtout en Provence !*

Enfin, excédée :

> *Que vous êtes excessifs en Provence ! tout est extrême : vos chaleurs, vos sereins, vos bises, vos pluies hors-saison, vos tonnerres en automne ; il n'y a rien de doux ni de tempéré. Vos rivières sont débordées, vos champs noyés et abîmés, votre Durance a quasi toujours le diable au corps, votre île de Brouteiron est très souvent submergée. Enfin, ma fille, quand je songe à la délicatesse de la santé que vous opposez à tant de choses si violentes, je tremble. Et M. de Grignan, qui vous aime, n'est-il point effrayé aussi de cette grande inégalité ?*

Plus de douceur, plus de senteurs délicieuses, plus d'oiseaux, pas de cigales... et, au chapitre des réclamations, il faut compter ces *humilités glorieuses* qui ébranlèrent tant le cher La Mousse en 1672.

140

Même l'ironie, l'humour n'épargnent pas, surtout avant le premier séjour, un rien d'inquiétude :

> *Songez à bannir les chiennes de punaises de ma chambre ; la pensée m'en fait mourir. J'en suis accablée ici ; je ne sais où me mettre. Ce doit être bien pis en Provence.*

Après cette *petite sotte bête de lettre*, elle se penche sur un autre danger, propre à ces régions de Barbarie :

> *Je vous prie, ma bonne, quoi qu'on dise, de faire faire de l'huile de scorpion, afin que nous trouvions en même temps les maux et mes médecines. Pour vos cousins, j'en parlais l'autre jour ; un Provençal m'assura que ce n'étaient pas les plus importuns que vous eussiez à Grignan...*

Que ce soient donc la faune, si l'on peut dire, les données climatiques, les paysages ou les villes, toutes ces caractéristiques quelque peu « touristiques », en un temps où ce terme n'existait pas, ne suffisent pas à brosser un tableau complet de Provence si l'on en excepte les Provençaux.

Ah ! les Provençaux*... ce sont d'abord des provinciaux et dans ce domaine Mme de Sévigné s'y connaît ! Elle va très vite donner avis et conseils :

*faire le Provençal : se mêler d'intrigues et de cabales

> *C'est une sorte de vie étrange que celle des provinces ; on fait des affaires de tout.*

On y fait des « *pétoffes**￼ », on *y épluche les écrevisses*! dit-on en *ce pays-ci* où, bien sûr, tout est toujours d'une grande simplicité, sans intrigues ni *dessous de cartes*.

*vient du provençal *pétofier* ou *patofias* : sornettes

Enfin, reconnaît-elle :

> *Je ne vous dis point de nouvelles ; vous en savez comme nous. Pour moi, je n'en sais jamais à Paris, mais dans les provinces on lit tout, on sait tout.*

Cet intérêt aux nouvelles, aux affaires du royaume ou de la vie sociale peut expliquer le succès, l'accueil que rencontre la marquise de Sévigné dans ses déplacements. Elle a, non par ses lettres comme aujourd'hui, mais par son appartenance au milieu de la Cour, au mouvement des Précieuses, une certaine renommée. Dans ce réseau de relations, de parentés, elle a une réputation de bonne compagnie, et chacun se flatte de la voir, la recevoir et converser avec elle. Elle est un peu une vedette de la vie parisienne de cette époque.

Mais les Provençaux ? en quoi sont-ils particuliers ? en dehors de ceux que Mme de Sévigné baptise *Provençaux* dès qu'ils ont respiré le même air que sa fille, dès qu'ils l'ont vue, entendue, ou ont contribué en quoi que ce soit à son bien-être… non, les vrais, ceux qui vivent et souffrent en Provence et qui sont nombreux, car la Provence représentait plus de six cent mille âmes dans les évaluations de l'époque. Eh bien, selon le Roi lui-même : «Vous aurez d'étranges esprits à gouverner en Provence» dit-il à Pierre Arnoul Marin quand il fut nommé premier président du parlement en Provence. Comment peut-on être Provençal ? serait-ce un handicap ? Mme de Sévigné ne semble pas loin de le penser quand elle déclare à son gendre préféré :

> *Il n'y avait que vous, mon cher Comte, qui puissiez me résoudre à la donner à un Provençal…*

> *Car, savez-vous, ma bonne, que ces gens-là ne parlent même pas français !*

Racine, lors d'une étape à Valence, au cours de son voyage de Paris à Uzès, confiait à son ami La Fontaine ses mésaventures :

> «J'avais commencé à Lyon à ne plus entendre le langage du pays, et à n'être plus intelligible moi-même. Le malheur s'accrût à Valence et Dieu voulut qu'ayant demandé à une servante un pot de chambre, elle mit un réchaud sous mon lit. Vous pouvez imaginer les suites de cette mauvaise aventure, et ce qui peut arriver à un homme endormi qui se sert d'un réchaud dans ses nécessités de nuit. Mais c'est encore bien pis dans ce pays. Je vous jure que j'ai autant besoin d'interprète qu'un Moscovite en aurait besoin à

Le grand nombre de confréries de pénitents est caractéristique du Midi de la France et celles-ci fleurissaient particulièrement en Avignon...
Ici, la façade de la chapelle des Pénitents noirs ; elle est un peu plus tardive.

Paris... Néanmoins, je commence à m'apercevoir que c'est un langage mêlé d'espagnol et d'italien et, comme j'entends assez bien ces deux langues, j'y ai quelquefois recours pour entendre les autres et pour me faire entendre. »

Et effectivement, Marie de Rabutin Chantal abonde dans ce sens par son étonnement à Montpellier :

Je trouve les femmes d'ici jolies ; elles sont vives, elle ont de l'esprit, elles parlent français.

Quant aux hommes, ils *sentent le tabac*, ils sont d'une *indolence parfumée* et guère divertissants :

Mais où sont donc ces esprits si vifs, si brillants, ces têtes si près du bonnet, ces imaginations échauffées par un si bon soleil ? Au moins vous devriez avoir des fous, et dans la quantité, vous en trouveriez quelqu'un qui pourrait vous divertir. Je ne comprends point bien votre Provence ni vos Provençaux.

Pourquoi n'y aurait-il pas «un fou de ma fille» comme le fou du roi? puisque les femmes aussi sont ennuyeuses, *vous savez comme je les hais*, n'hésite-t-elle pas à asséner. Ennuyeuses, ridicules et importunes, le verdict est lourd, et elles sont mal coiffées :

> *Vos dames sont bien loin de là, avec leurs coiffures glissantes de pommades, et leurs cheveux des deux paroisses*; cela est bien vieux.*

*avec une raie au milieu

Tandis que Mme Mère, arbitre des élégances, explique en détail la nouvelle mode de la coiffure *hurlupée*; leurs vêtements sont ridicules, elles se déguisent pour un oui, pour un non, et surtout elles sont assommantes de civilités : les *pieds de veau* de Provence* :

*faire la révérence à quelqu'un de façon basse et servile

> *La description des cérémonies est une pièce achevée. Mais savez-vous bien qu'elle m'échauffe le sang, et que j'admire que vous y puissiez résister? Vous croyez que je serais admirable en Provence, et que je ferais des merveilles sur ma petite bonté. Point du tout, je serais brutale; la déraison me pique, et le manque de bonne foi m'offense. Je leur dirais : «Madame, voyons donc à quoi nous en sommes. Faut-il vous reconduire? Ne m'en empêchez donc point, et ne perdons pas notre temps et notre poumon. Si vous ne le voulez point, trouvez bon que je n'en fasse point les façons.»*

La marquise hurlupée.

Ces lenteurs et piétinements avaient aussi excédé Mlle de Scudéry lors de son séjour à Marseille. Et la révolte est telle chez «les supporters» de Mme de Grignan qu'Emmanuel de Coulanges en compose une chanson intitulée : «Rendez-la-nous.»

> «Provençaux, vous êtes heureux
> D'avoir ce chef-d'œuvre des cieux
> Grignan que tout le monde admire…
> Provençaux, voulez-vous nous plaire,
> Dépêchez, rendez-nous, rendez-nous,
> Rendez cet objet si doux,

Elle éprouve un sincère désir d'intériorisation de ses sentiments religieux.

Nous en avons affaire,
Gardez monsieur son époux,
Et rendez-la nous. »

L'exaspération augmente presque chaque hiver, à Lambesc, devant la résistance des Provençaux, réunis en l'assemblée des communautés, et s'opposant au fameux «don gratuit» fixé par le Roi et présenté par son lieutenant général. Mme de Grignan prend très à cœur les difficultés de son époux et, de ce fait, Mme de Sévigné ne peut qu'en être l'écho, elle qui vibre comme une harpe à tout ce qui peut atteindre ou assombrir son enfant. D'autres reproches graves, et correspondant à un souci authentique et profond de Mme de Sévigné, apparaissent aussi et concernent le christianisme :

> *Vous seriez bien étonné, écrit-elle à Arnauld d'Andilly, si j'allais devenir bonne à Aix. Je m'y sens quelquefois portée par un esprit de contradiction ; et voyant combien Dieu y est peu aimé, je me trouve chargée d'en faire mon devoir. Sérieusement, les provinces sont peu instruites des devoirs du christianisme. Je suis plus coupable que les autres, car j'en sais beaucoup.*

Elle ne se trompe guère. Le concile de Trente, qui avait prévu une évangélisation des campagnes de France grâce à la création de séminaires formant des prêtres plus instruits, grâce aux évêques qui doivent dans leurs visites pastorales bien ausculter leur diocèse et prévoir les mesures nécessaires, a-t-il atteint son objectif ? Les campagnes provençales sont sans doute plus difficiles que d'autres.

Depuis la fin du XVIᵉ siècle, elles ont connu des guerres de religion très violentes et la pacification a laissé des blessures prêtes à se rouvrir, à rallumer les oppositions. La recrudescence des *démons* après la révocation de l'édit de Nantes, les révoltes des Vaudois, la proximité de la résistance cévenole et des régions cathares en Languedoc alimentent une grande effervescence religieuse. En même temps, les dévotions, les processions revêtent un caractère passionné, parfois marqué par un certain paganisme.

Ah, la belle procession, ma chère bonne ! qu'elle est sainte ! qu'elle est noble ! qu'elle est magnifique ! que les démonstrations de respect sont convenables ! que tout l'extérieur y est bien mesuré, en comparaison de vos profanations d'Aix avec son « prince d'amour* » et ces « chevaux frust* ». Quelle différence !

*sortes de centaures : tradition remontant à l'époque du roi René

Avignon console Mme de Sévigné quant aux pratiques d'Aix qui l'inquiètent et qui sont souvent l'héritage de fêtes connues sous le bon roi René ; le grand nombre de confréries de pénitents est aussi caractéristique du Midi de la France et celles-ci fleurissaient particulièrement en Avignon :

> *Pour les pénitents, je connais cette sainte mascarade, qui ne laisse pas d'être singulière.*

En dehors de ces manifestations extérieures, souvent déconcertantes, les sermons proposés pour la préparation du Carême lui semblaient pitoyables :

Ce « triste voyageur » est considéré comme un vrai défenseur du royaume à Toulon...
Mais que reste-t-il du Toulon du XVIIᵉ siècle ?
A coup sûr, ce balcon de Puget, face à la mer.

> *Je vous plains d'être obligée d'entendre de mauvais sermons ; c'est une véritable peine. J'en entends de fort bons... C'est une contrainte de la place où vous êtes. J'avoue que quand elle oblige à communier sans autre raison que cette représentation extérieure, je ne m'y résoudrais pas aisément... Oh mon dieu ! dites-leur, ma bonne, que Saint Louis, qui était plus saint que vous n'êtes sainte, ne communiait que cinq fois l'année. Mais sait-on sa religion ? Tout est en pélerins, en pénitents, en ex-voto, en femmes déguisées de différentes couleurs.*

Elle éprouve un sincère désir d'intériorisation de ses sentiments religieux, de sa réflexion, de son approfondissement en ce domaine.

Toutes ces critiques amusées, moqueuses, parfois mordantes, souvent méprisantes n'empêcheront pas la marquise d'aimer la Provence, par amour pour sa fille. Elle s'identifie très vite, *je suis Provençale je l'avoue* ; elle y court, s'y précipite pour mieux connaître cet univers nouveau :

L'essor des faïences de Moustiers : agréablement décorées, elles remplacèrent la vaisselle d'or et d'argent sur la table du Roi et, bien sûr, toutes les élites louis-quatorziennes suivirent cet exemple.

> *J'y joins l'ignorance de la Provence, que je ne connais point. Vous avez un avantage qui vous empêche de me faire rire ; c'est que vous connaissez ce pays-ci. Tout cela m'oblige de me rapprocher de vous, et d'aller ensuite en Provence afin de m'instruire.*

Ses dispositions sont d'autant plus conciliantes qu'elle n'a encore rien vu de près, son imagination seule lui façonne les lieux et les rôles :

> *Je vous vois faire toutes vos révérences et vos civilités ; vous faites fort bien, je vous en assure. Tâchez, mon enfant, de vous accommoder un peu de ce qui n'est pas mauvais ; ne vous dégoûtez point de ce qui n'est que médiocre ; faites-vous un plaisir de ce qui n'est pas ridicule.*

Tout cela est plein de bonne volonté et bien théorique, on parlera ensuite des *pieds de veau* de Provence en reconnaissant :

> *Vous avez raison, ma fille, de vous plaindre que je vous aie mal élevée ; si vous aviez appris à prendre le temps comme il vient et à ne pas négliger les pieds de veau de Provence, cela vous aurait extrêmement amusée.*

Après ses premiers séjours, sa véritable prise de conscience des lieux et des gens, elle est plus prudente, moins conseillère et se contente, par ses compliments et ses encouragements, d'appuyer l'action des Grignan. Elle reste très sensible à l'image qu'ils donnent d'eux dans la province et en mesure toute la complexité :

> *Je comprends avec plaisir la considération de M. de Grignan dans la Provence, après ce que j'ai vu. C'est un agrément que vous ne sentez plus ; vous êtes trop accoutumés d'être honorés et aimés dans une province où l'on commande. Si vous voyiez l'horreur, la détestation, la haine qu'on a ailleurs pour le gouverneur, vous sentiriez la douceur d'être adorés partout.*

L'action de M. de Grignan comme lieutenant général se mesure au vote du « *don gratuit* » par l'assemblée des communautés, chaque année, et malheureusement son montant ne fait qu'augmenter pour couvrir les besoins financiers du royaume, engagé dans de nombreuses guerres. En 1670-1671, le Roi demandait quatre cent mille livres, ce seront huit cent mille qui seront demandées en 1676 ! Il reste ensuite à environ six cents à six cent cinquante mille livres. Mais, les députés à ladite assemblée résistent, discutent, refusent parfois, diminuent le montant et c'est toujours une victoire pour le lieutenant général d'obtenir le montant exact ou le plus proche possible. Il reste ensuite à en répartir le recouvrement sur les populations... L'un des aspects positifs du gouvernement de François de Grignan est d'en avoir obtenu le versement régulier, sans révolte, ce qui prouve aussi la bonne situation économique de cette région pendant cette période ; ce n'était pas le cas de la Bretagne, par exemple. Mme de Sévigné suit avec angoisse les délibérations :

> *Je vous assure que je crains fort cette délibération. Quand je pense aux peines de M. de Grignan pour les faire venir à cinq cent mille francs, je ne comprends point du tout comment il pourra faire doubler la dose. J'ai toujours la vision d'un pressoir que l'on serre jusqu'à ce que la corde rompe.*

Car le roi demandait un million et l'assemblée finit par voter huit cent mille livres.

De même plus tard, en 1707, son action au siège de Toulon sera un succès personnel de prévision, de décision et d'action stratégique efficace ; mais aussi, dans la mesure où les milices de Provence l'ont suivi, le signe d'un ancrage définitif de cette province au royaume, de son intégration totale. Ce *triste voyageur* est considéré comme un vrai défenseur du royaume à Toulon, comme à Orange. Il surveille et fait surveiller efficacement les côtes, où l'on peut toujours craindre une action étrangère, particulièrement quand, en liaison avec la révolte des camisards par exemple, il peut y avoir intelligence avec des Provençaux.

Mais son action est aussi charitable ; quand les incendies toucheront Colmars, près de Digne, il fera un don, de ses deniers, pour la reconstruction de la ville ; quand des disettes, en 1679, 1692, et surtout 1709 atteindront cette région, il fera son possible pour aider les régions sinistrées et améliorer la distribution des blés en veillant aux abus des « accapareurs » :

> « Il ne sera pas dit que j'épargne mes forces et ma vie en ces temps de tribulations et d'amertume »

déclare-t-il. Et il suivra aussi l'exemple donné par le Roi en envoyant sa vaisselle et celle de sa femme à la Monnaie pour aider le trésor royal en mal de numéraire :

> *Que dites-vous de l'exemple que le Roi donne de faire fondre toutes ses belles argenteries ? Notre duchesse du Lude est au désespoir : elle a envoyé les siennes, et Mme de Chaulnes, sa table et ses guéridons, et Mme de Lavardin, sa vaisselle d'argent qui vient de Rome, persuadée que son mari n'y retournera pas.*

En Provence, l'une des conséquences de ces envois de vaisselle d'argent fut l'essor des faïences de Moustiers : ce type de faïence, agréablement décorée, remplaça la vaisselle d'or et d'argent sur la table du Roi et, bien sûr, toutes les élites louis-quatorziennes suivirent cet exemple.

Les Grignan ont laissé un souvenir d'intégrité, d'honneur, malgré les difficultés de leur magnificence… et un merveilleux château, où aucun d'eux ne repose. La comtesse, décédée à Mazargues, le 16 août 1705, repose au couvent de la Visitation à Marseille et le comte, décédé à Saint-Pons, près de Lambesc, le 31 décembre 1714, repose aussi à Marseille, à Notre-Dame-du-Mont-Carmel*.

*près de Saint-Féréol

Et la Provence ? Malgré les efforts de la marquise pour faire de Maguelonne une quasi-vice-reine, grâce à tous ses encouragements, tous ses conseils pour se coiffer, s'habiller, se comporter, et son admiration inconditionnelle, étrangement, c'est à Mme de Sévigné que la Provence reste acquise, plus qu'à sa fille et à son gendre. Avec un tempérament plus expansif, plus méridional, par son art épistolaire, elle *fait* la Provence, elle y est accaparée, son image aimable apparaît parfois de façon abusive. Certes, elle est restée, elle, pour l'éternité, à Grignan ; et sans le vouloir, sans le savoir, elle s'est faite l'ambassadrice de Grignan et d'une certaine Provence.

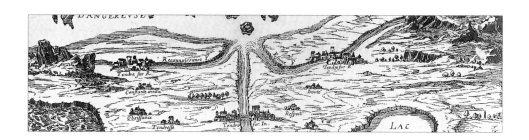

Chapitre VI

DE L'AMOUR
À LA MORT

OU
COMMENT PEUT-ON MOURIR EN PROVENCE?

TANT D'AMOUR EXPRIMÉ, TANT DE LARMES
VERSÉES, TANT DE LETTRES DÉVERSÉES
VERS *CETTE RARE COMTESSE QUI EST EN
PROVENCE,* ONT-ILS DONC PU AMENER

Mme de Sévigné a y finir ses jours malgré sa répugnance pour les coutumes funéraires provençales ? C'est un souhait naturel en effet exprimé très tôt et très nettement :

> *Mon Dieu, que ce jour est présent à ma mémoire ! Et que je souhaite d'en retrouver un autre qui soit marqué par vous revoir, ma chère enfant, et vous retrouver, et vous embrasser de tout mon cœur, et m'attacher à vous pour jamais, et finir ma vie avec celle qui l'a occupée tout entière par l'agitation et l'attention et par la sensibilité que donne une tendresse toute vive, toute pleine d'une inclination et d'un si véritable attachement qu'il en remplit mon cœur et toute ma vie.*

Sa fille lui répond enfin avec cette profonde affection :

> Oui, nous sommes ensemble, nous aimant, nous embrassant de tout cœur, moi ravie de voir ma mère venir courageusement me chercher du bout de l'univers et du couchant à l'aurore ; il n'y a qu'elle au monde capable d'exécuter de pareilles entreprises et d'être auprès de son enfant. »

Car elles ne sont pas parvenues à cette symbiose si facilement. Cette entente, cette certitude d'un amour réciproque est le fruit d'efforts de conquête et de reconquête. Sur les vingt-cinq années où se déroule cette tragédie aux accents cornéliens, le sujet reste unique, l'amour d'une mère à qui l'on a dérobé son enfant, mais l'action est diverse tout autant que les lieux. Pour Charles de Sévigné, qui plaide auprès de sa sœur la cause de sa « mère beauté » :

> « Partagez donc vos faveurs et votre présence entre l'un et l'autre hémisphère, à l'exemple du soleil qui nous luit. »

Et Françoise-Marguerite de franchir les lieues qui la séparent de sa mère et d'arriver *le plus court jour de l'année… fin che sol ritorni** pour réchauffer ce pauvre cœur de mère. Le dit soleil, astre las, manifeste ainsi sa sensibilité et la réciprocité des soucis de santé qui les ont toutes deux troublées ces derniers temps :

> *Il me semble que pourvu que je n'eusse mal qu'à la poitrine, et vous qu'à la tête, nous ne ferions qu'en rire, mais votre*

Elle franchit allègrement les étapes de la carte du Tendre…

*jusqu'à ce que le soleil revienne

poitrine me tient fort au cœur, et vous êtes en peine de ma tête,

plaisante Mme de Sévigné en inversant leurs maux.

L'apaisement progressif, souvent perturbé, permet d'explorer les méandres d'un amour maternel exceptionnel, surtout au XVIIe siècle, par l'intensité de son existence même et celle de son expression. Si les qualités littéraires des lettres de Mme de Sévigné sont incontestables dans l'ensemble de sa correspondance, elles sont proches du génie par leur émotion vibrante dans celles qui s'adressent à sa fille. Là, la passion suscite le mouvement, la drôlerie, la mise en scène et le pathétique sans qu'il soit nécessaire d'utiliser une autre étiquette que *maternelle**, car disait-elle, *tout est sain aux sains.*

*en excluant l'inceste et la morbidité, évoquées par certains commentateurs

Dès le départ de celle qu'elle ne nomme jamais par son prénom, Françoise-Marguerite :

> *C'est comme le tonnerre, quand nous entendons le bruit, le coup est donné. C'est une chose cruelle que d'être si loin de ceux à qui l'on prend un si sensible intérêt.*

La douleur est là, poignante, insidieuse, envahissante, encombrante, avec son cortège de *dragons* et de larmes :

> *Je reçois vos lettres, ma bonne, comme vous avez reçu ma bague. Je fonds en larmes en les lisant ; il semble que mon cœur veuille se fendre par la moitié.*

Les larmes sont en perpétuel jaillissement à la lecture des lettres reçues, à la vue des portraits de sa chère enfant, des lieux fréquentés ensemble :

> *Il n'y a point d'endroit, point de lieu, ni dans la maison, ni dans l'église, ni dans le pays, ni dans le jardin, où je ne vous aie vue.*

Même lorsqu'elle écoute les nouvelles données par des *Provençaux*, fussent-ils d'occasion comme Philippe-Emmanuel de Coulanges :

> « Il n'y a plus moyen de parler de vous à cette adorable mère ; les grosses larmes lui tombent des yeux. Mon Dieu, quelle mère ! »

153

Les lamentations de Jérémie ne sont que murmure devant les siennes et elle reconnaît :

> *Pour moi, je comprends qu'il y a quelque sorte de plaisir dans la plainte plus grand qu'on ne pense.*

Et la douleur devient physique :

> *Cette séparation me fait une douleur au cœur et à l'âme que je sens comme un mal du corps.*

> *Si mes épées pouvaient un peu s'émousser et ne me pas percer... c'est que vous me quittâtes dans un état où toutes mes pensées étaient autant de pointes aiguës ; je ne savais comment faire pour m'en garantir, car on est extrêmement exposée aux coups quand on se fait des blessures de toutes ses pensées.*

Va-t-elle sombrer dans la folie ?

> *Je me fais peur quand je pense combien alors j'étais capable de me jeter par la fenêtre, car je suis folle quelquefois.*

> *Mais je suis en vérité comme folle... Mon fils s'en va dans trois jours à l'armée, ma fille dans peu d'autres en Provence ; il ne faut pas croire qu'avec de telles séparations je puisse conserver ce que j'ai de bon sens.*

Séparation, départ, absence, éloignement, adieux... *terribles jours* dont la danse infernale peut l'entraîner dans la déraison et qu'elle appréhende tant qu'elle en arrive à craindre de revoir sa fille pour n'avoir point à la quitter, le *malheur du bonheur* dit-elle :

> *Mon cœur en souffre, mais quand je pense à cette peine, pour huit ou dix jours de séjour, je trouve que je vous aime mieux cet hiver. Je suis si attachée à vous, et vous me tenez par tant d'endroits, que je sens plus que les autres la peine de la séparation. Ainsi, ma très chère, je me suis gouvernée selon mes faiblesses, et je n'ai pas écouté l'envie et la joie que j'aurais eues de vous avoir.*

Cette *pensée violente, ce rabat-joie,* sont une expérience nouvelle

Ses lettres répètent les sentiments sans craindre de lasser.

Elle brandit sa lunette qui permet de rapprocher...
« La voyez-vous, Madame ? – Hélas ! non ; c'est ce qui me fait mourir – ni moi non plus. »

pour Mme de Sévigné, par l'intensité des sentiments, leur violence déstabilisante, les faiblesses qu'elle découvre en elle. Cette séparation, cet état de choses ne peuvent et ne doivent point durer. Au bonheur tranquille qui précédait :

Je songe mille fois le jour au temps où je vous voyais à toute heure. Hélas ! ma bonne, c'est bien moi qui dis cette chanson que vous me dites : « Hélas ! quand reviendra-t-il ce temps, bergère ? »

succède maintenant un danger qu'elle n'a pas soupçonné en consentant à ce mariage : celui de perdre, par l'éloignement, l'affection profonde de celle sur qui elle a régné depuis son enfance et à qui elle avait déjà dédié son veuvage. Certes, son amour maternel est nourri d'une vraie inclination :

Croyez-moi, on n'a jamais vu une si naturelle inclination que celle que j'ai pour vous.

Mais encore faut-il le conserver, l'entretenir comme on entretient une flamme, surtout quand il est aussi nécessaire à sa vie :

C'est une chose bien essentielle à mon cœur que de vous aimer et de penser à vous.

Dès lors, elle va révéler des dons de stratège, déployant pour cet amour ses qualités, ses défauts, son caractère, sa gaieté, son esprit, sa culture ; elle brandit sa *lunette* qui permet de rapprocher mais aussi d'éloigner selon son humeur, et elle franchit allègrement les étapes de la *carte du Tendre*, établies selon l'analyse psychologique du cœur humain par les Précieuses, dont elle fut.

Ses lettres ne sont pas des *billets galants* ou *billets doux*, mais répètent les sentiments sans craindre de lasser et avec une absolue *sincérité*, en demandant la même clarté dans cette *vraie amitié* : *Parlez, éclaircissez-vous : on ne devine pas.*

Les échos à ses lettres permettent de mesurer l'assiduité de ce commerce qui doit être le moins *dégingandé* possible et elle se plaint souvent du décalage inévitable entre ce qui est écrit, ressenti, et l'impossible communion immédiate aux événements. Ces échanges qui furent au début un refuge deviennent le fondement de sa vie dans leur constance, leur régularité, leur *exactitude.*

Les *petits soins* font aussi partie d'une tactique éprouvée, mais avec l'éloignement, seuls les petits présents, les cadeaux échangés marquent la *pensée habituelle,* que ce soient une bague, des éventails, des soies pour une tapisserie, de l'encre, un écritoire, des souliers de chez Georget*, un manteau, une jupe, des tabliers, une grisette*... sans oublier les conseils pour se bien coiffer *hurlupée* ou mettre des *souris** dans ses cheveux ! L'essentiel est d'entourer, d'accompagner, d'embellir, de célébrer celle que l'on veut choyer. Mais cette *vraie mère* ne se contente pas de présents et avec *générosité* n'hésite pas à partager ses biens, en ne lésant aucun de ses enfants, et en réduisant ses revenus au strict nécessaire non sans une certaine nostalgie, pour eux toujours :

> *J'ajoute que ma douleur la plus sensible, c'est de ne pouvoir plus rien faire pour vous.*

Mais choyer n'est pas seulement déclarer ses sentiments, gâter ceux qu'on aime ; ne serait-ce pas aussi les divertir, leur apporter gaiement de quoi nourrir leur esprit et leur curiosité pour ne pas perdre pied dans ce *pays-ci* ? Alors contons, croquons les uns et les autres, allons à la ville glaner les nouvelles, tout ceci n'est point contraire à notre tempérament de citadine parisienne. Tout sera mandé à cette chère comtesse dont l'esprit a déjà été formé à la réflexion, qui est une *cartésienne,* qui a eu la chance pour cette époque de recevoir une éducation privilégiée. Mais elle a donc un appétit éveillé aux nourritures intellectuelles et spirituelles : il lui faut des lectures, des commentaires, des sermons... des conversations avec des interlocuteurs éminents.

Même très raisonnable, *philosophe,* Françoise-Marguerite n'en a pas moins été élevée par une mère imaginative et elle reprend, lors de la visite de Philippe-Emmanuel de Coulanges, qui la replonge dans son ambiance familiale, un jeu auquel sa mère et elle se livraient :

*le marchand de chaussures à Paris

*petite jupe grise

*petits rubans

...mettre des souris dans ses cheveux !

« Vous vous occupez de ma santé, et moi je m'inquiète avec raison de votre maladie. »
(Caricature de 1680)

Il me conte – rapporte Mme de Sévigné – *que vous fermiez les yeux, que vous étiez dans ma chambre et que certainement vous étiez à Paris, parce que voilà M. de Coulanges. Il m'a joué cela très plaisamment et je suis ravie que vous soyez encore un peu folle ; je mourrais de peur que vous ne fussiez toujours Mme la Gouvernante.*

Elles ont donc l'une et l'autre une vive imagination et rompent ainsi l'éloignement en se dépaysant, en se transportant, en poursuivant leur *alter ego* :

Je vous ai suivie partout ; ma bonne, votre cœur n'a-t-il pas vu le mien pendant toute la route ?

Ce cheminement avec l'autre, cette proximité où que l'on soit permettent d'écouter les soucis, de percevoir les malaises, de participer aux *affaires*. Le plus difficile, le plus envahissant, le plus inquiétant est le souci de la santé de la belle Madelonne. Peu de lettres ne reflètent pas cette angoisse lancinante, surtout dans les premières années du mariage de *la plus jolie fille de France*, où les grossesses succèdent aux grossesses :

Enfin songez que voici la troisième fois que vous accouchez au mois de novembre ; ce sera au mois de septembre cette fois si vous ne le gouvernez.

Mais jusqu'en 1680 environ le leitmotiv sera impérieusement :

Vous vous occupez de ma santé, et moi je m'inquiète avec raison de votre maladie.

La santé reste et restera un problème tout au long de la correspondance, mais les *affaires* mobiliseront une belle énergie et tout un art diplomatique. Car, sachez-le :

Je le partage avec vous, et que je sens si vivement et si tendrement tout ce qui vous touche que ce n'est point y prendre part ; ma bonne, c'est y entrer et le ressentir entièrement. Le moyen d'envisager ce chaos et cette chute d'un nom et d'une maison si chère ?

Et quand il faut intervenir :

> *Nous avons remporté ce matin une jolie victoire ; c'est en votre nom, ma chère bonne, que nous avons combattu et battu vos ennemis... On écrit, on plaide, on retourne une affaire depuis le déluge. On la ressasse... On sollicite... On crie, on fait du bruit, on se plaint... On met ses amis en campagne, ou plutôt ils s'y mettent eux-mêmes avec tant d'amitié, tant de chaleur, tant d'envie de vous tirer de cette oppression, que c'est leur propre affaire.*

Rien ne peut être indifférent à son soin jaloux, ni les lettres à écrire à tel ou telle, ni les compliments à transmettre, les recommandations à obtenir, les pensions à faire payer, les *pattes de l'archevêque à décroiser* ! Avec un sens inné de la communication, elle intervient auprès de Pomponne et déclare :

> *Surtout il se trouve que j'ai le gouvernement de Provence sur les bras.*

On serait tenté de lui rappeler une fable de ce bon La Fontaine qu'elle apprécie beaucoup : *Le Coche et la Mouche*, et dont elle cite souvent :

> « Oh que je fais de poudre !..
> J'ai tant fait que nos gens sont enfin dans la plaine. »

Enfin, elle se rend inoubliable, indispensable, irremplaçable autant que faire se peut ; et si l'on excepte les contrariétés des années 1675 à 1677, surmontées grâce aux efforts conjugués de l'une pour modérer son tempérament expansif et impérieux, de l'autre pour exprimer son attachement sans crainte ni complexe, dans l'harmonie retrouvée, elles oublieront les paroles trop dures :

> *Je reprends, ma fille, les derniers mots de votre lettre. Ils sont assommants : vous ne sauriez plus rien faire de mal, car vous ne m'avez plus : j'étais le désordre de votre esprit, de votre santé, de votre maison ; je ne vaux rien du tout pour vous. Quelles paroles ! Comment les peut-on penser ? Et comment les peut-on lire ? Vous dites bien plus que ce qui m'a*

Le ballet est dansé par
Françoise-Marguerite

tant déplu, et qu'on avait la cruauté de me dire quand vous partîtes.

Au contraire, la complicité se rétablira avec l'amélioration de la santé de la comtesse, l'arrêt des grossesses, et de plus longs séjours à Paris, en l'hôtel Carnavalet. Heureusement que la marquise est là pour organiser ces retours à Paris !

Avec toute sa drôlerie, elle se met en scène, aux Rochers :

Vous ai-je dit que je faisais planter la plus belle place du monde ? Je me plante moi-même au milieu de la place, où personne ne me tient compagnie, parce qu'on meurt de froid. La Mousse fait vingt tours pour s'échauffer, l'Abbé va et vient pour nos affaires, et moi, je suis là fichée avec ma casaque, à penser à la Provence, car cette pensée ne me quitte jamais.

Et on peut l'imaginer, non seulement plantée mais armée d'une baguette, dirigeant un opéra, tel qu'elle en connut avec Lully et Quinault, tragédie en musique maintenant l'équilibre entre le texte, la musique et la danse. Le ballet est bien sûr dansé par Françoise-Marguerite :

Vous souvient-il quand vous me faisiez rougir les yeux à force de bien danser ?

L'image des ballets dansés à la Cour recèle une force émotionnelle poignante sur le cœur de notre virtuose.

Le rôle chanté, en solo, est tenu par le comte de Grignan, ce séducteur doté d'une belle voix de baryton. Notre chef d'orchestre dirige, faisant jouer tantôt les cuivres rutilants de ses brillantes relations, tantôt le basson Bussy, la flûte légère et gaie de Philippe-Emmanuel de Coulanges, ou le violoncelle tendre et triste de Charles, *le pauvre frater.* Mais les chœurs, me direz-vous ? bien sûr le *clan des veuves* est là avec *Mme de Lavardin, qui est à la tête des veuves* et *qui les a rassemblées sous son aile.* Elles chantent ou jouent du violon ces *bonnes veuves*, Mmes de Moussy, d'Huxelles, de La Troche, de Marbeuf, puis Mme de Vins et Mme de La Fayette. Elles soutiennent, applaudissent, conseillent, participent à toutes les émo-

tions et *ma bonne, vous sont acquises et sur la terre et dans le troisième ciel.* Elles entonneront donc dans cet opéra, monté par la marquise, et qui doit célébrer la gloire des Grignan et les vertus de la
comtesse. Elles appuieront, en chœur, les efforts déployés pour faire
revenir à Paris cette *pauvre Grignan* en répétant :

> *Venez, venez me voir...*
> *Partez donc, ma bonne, partez...*
> *Venez, partez...*
> *Ne me faites plus languir*
> *Venez, venez ma très chère.*

Elles sont relayées en sourdine par Charles :

> « Venez, reine des Dieux »
> Venez, favorable Cybèle
> Vous nous paraîtrez bien descendue des cieux. »

Et Bussy-Rabutin :

> « Revenez vite à nous, Grignan,
> Quittez pour un temps la Provence,
> N'attendez pas le bout de l'an,
> Revenez vite à nous, Grignan. »

Chaque retour est non seulement orchestré mais fait l'objet d'une
véritable conjuration. Mme de Sévigné développe des arguments
pratiques :

> *Mon fils viendra si vous venez... Il y a de l'imprudence à
> retarder cette affaire ; le bon Abbé peut mourir, et je ne sau-
> rais plus par où m'y prendre et serais abandonnée, pour
> tout le reste de ma vie, à la chicane des Bretons,*

mais aussi sentimentaux :

> *Voilà comme on fait une visite à sa maman que l'on aime,
> voilà le temps qu'on lui donne, voilà comme on la console,*

ou autoritaires :

> *Je vous conseille toujours, ma fille, de partir le plus tôt que
> vous pourrez. Si vous attendez que M. de Grignan ait rem-*

Les Plaideurs, *scène tirée de la première éditon des œuvres de Racine.*

pli tous ses devoirs, il ne faut point penser venir cet hiver.

Puis elle organise le voyage :

> *Je trouverais très bien que vous partissiez de Grignan quand votre époux partira pour l'Assemblée, que vous prissiez des litières, que vous vinssiez vous embarquer à Roanne, et très sûrement vous trouveriez son carrosse à Briare, qui vous amènerait ici. Ce serait un temps admirable pour être ensemble. Vous y attendriez M. de Grignan, qui vous amènerait votre équipage et que vous auriez le plaisir de recevoir. Nous aurions cette petite avance...*

et se fait des alliés :

> *Je veux traiter d'abord le chapitre de votre voyage de Paris. Vous apprendrez par M. du Janet que La Garde est celui qui l'a trouvé le plus nécessaire... M. de Pomponne et M. de La Garde me font voir mille affaires où vous et M. de Grignan êtes nécessaires.*

M. d'Hacqueville, le Coadjuteur, le Chevalier, le *Bien Bon*... selon les voyages, tous conspirent et argumentent, dit-elle, pour le retour des Grignan. Même Charles insiste en faisant appel à la conscience de Mme de Grignan :

> « Je ne comprends pas que vous puissiez balancer. Vous donnez des années entières à M. de Grignan et à votre devoir envers toute la famille des Grignan ; y a-t-il, après cela, une loi assez austère qui puisse empêcher de donner quatre mois à la vôtre ? »

Enfin, de décembre 1680 à octobre 1688, huit années de séjour parisien réuniront mère et fille*, et seuls les déplacements de Mme de Sévigné aux Rochers pour régler ses affaires les sépareront. L'unisson retrouvé de leurs voix marque un apaisement, perçu de façon craintive, presque superstitieuse, par Mme de Sévigné :

> *Quand je songe qu'au bout de mon voyage, je vous retrouverai, cela me paraît si heureux que j'ai peur qu'il n'arrive quelque dérangement.*

*Mme de Grignan est contrainte de soutenir les difficultés de la maison des Grignan aux prises avec le procès d'Aiguebonne

La fragilité du bonheur lui fait invoquer de plus en plus la providence et renforce son rôle protecteur envers sa fille, qu'elle célèbre et encense :

> *Vous êtes le centre de tout et la cause de tout...*
> *Nous ne cessons point de vous aimer et de vous admirer...*
> *Nous nous aimons en vous, et pour vous et par vous...*
> *Nous pensons souvent les mêmes choses.*

L'harmonie est là au prix de tant d'efforts et de délicatesse ! Aux premières nostalgies, ni l'une ni l'autre n'insistent ni n'aggravent :

> *Mais comme vous dites, il faut glisser sur bien des pensées et ne pas faire semblant de les voir ; je crois que vous en faites de même.*

Quand viennent les contrariétés, le mot d'ordre devient :

> *Mais faisons nos réflexions, chacune de notre côté, afin que, quand il plaira à Dieu que nous nous retrouvions ensemble nous ne retombions pas dans de pareils inconvénients.*

Mais, *Dieu sur tout*, la paix est la sienne :

> *Ma chère enfant, ne comparez votre cœur avec nul autre. Dieu vous l'a donné parfait, remerciez-l'en. Vos humeurs étaient une vapeur, un brouillard sur le soleil.*

Il n'est plus question de se *lâcher la bride à vous parler de mon amitié tendre et sensible*, car *Tout est dit, tout est senti, tout est cru ; j'en suis assurée.*

Et, enfin, l'amour de sa fille pour le comte est admis et compris :

> *Vous m'expliquez fort agréablement cette amitié que vous avez pour M. de Grignan, qui fait que vous ne sauriez longtemps être fâchée contre lui. Je crois qu'on pourrait faire de ce sentiment une maxime fort vraie : quand on aime à un certain point, on oublie, c'est-à-dire on pardonne toujours.*

Mme de Sévigné, qui s'avouait *malheureuse en maris*, paraît bientôt *remariée en Provence*. Si bien mariée qu'elle en est surtout grand-mère et que ce nouveau rôle, rempli bien sûr avec passion, va don-

« Je la ferais travailler, lire de bonnes choses, mais point trop simples. »

162

ner une autre dimension à ses sentiments dont le centre reste cependant sa chère enfant :

> *Vous savez combien je suis loin de la radoterie qui fait passer violemment l'amour maternelle aux petits enfants ; la mienne est demeurée tout court au premier étage, et je n'aime ce petit peuple que pour l'amour de vous.*

Ces *petites entrailles* lui rappellent ses *entrailles*, elle y retrouve *ce petit chien de visage.* En revanche, son tempérament chaleureux, sensible, aimant, joueur, va faciliter sa compréhension des *pichons*, de ce petit *blondin*. Elle découvre un véritable art d'être grand-mère par son attention enjouée aux premiers sourires, aux premiers baisers, aux premiers mots :

> *Je m'amuse à votre fille… On m'embrasse, on me connaît, on me rit, on m'appelle. Je suis « Maman » tout court…*
> *Voilà votre fille au coin de mon feu avec son petit manteau d'ouate. Elle parle plaisamment : « et titata, tetita, y totata. »*

163

Ces balbutiements lui rendront particulièrement chère sa *petite mie*, Marie-Blanche, la *mienne* dira-t-elle souvent. Mais le plaisir qu'elle éprouve à l'embrasser, la caresser, montre assez bien la chaleur de ses sentiments ; elle apprécie la douceur de la peau qu'elle caresse, elle a mal au ventre quand *ses entrailles* souffrent et cette sensibilité profonde, charnelle est assez étonnante en un temps où l'enfant ne comptait guère.

Elle lutte d'ailleurs pour qu'ils ne soient pas abandonnés au triste sort des enfants de l'époque, surtout les filles. Le *petit marquis*, lui, seul héritier, suit un parcours classique et choyé, malgré les éloignements successifs : nourrice, précepteur, carrière des armes… et sa grand-mère va le protéger à Paris, l'introduire auprès de ses amis, veiller à son entrée à la Cour et lui écrire, bien sûr, quand il sera en campagne. Mais les filles, Marie-Blanche et Pauline, seront inégalement traitées : Marie-Blanche, Mlle d'Adhémar, la *petite d'Aix*, en dépit des interventions de sa grand-mère, de son opinion défavorable, restera au couvent de la Visitation à Aix. *Elle me fait pitié*, dit-elle, avant de se plaindre auprès de son ami Moulceau :

> *Et que feriez-vous donc, si vous en aviez une qui eût pris l'habit de la Visitation d'Aix à seize ans ? Et moi je soutiens cet affront comme si ce n'était rien.*

Elle en défendra donc Pauline d'autant plus vigoureusement, sans relâche. Elle stimule, encourage l'amour maternel enfin ressenti par sa fille avec la naissance de Louis-Provence :

> *Vous sentez donc l'amour maternel ; j'en suis fort aise. Eh bien ! moquez-vous présentement des craintes, des inquiétudes, des prévoyances, des tendresses, qui mettent le cœur en presse, du trouble que cela jette sur toute la vie ; vous ne serez plus étonnée de tous mes sentiments.*

Dans cette complicité, les conseils donnés sont d'une grande psychologie, pleins d'affection et de compréhension :

> *Aimez, aimez Pauline… Pour moi, je jouirais de cette jolie petite société, qui doit vous faire un amusement et une occu-*

*pation. Je la ferais travailler, lire de bonnes choses, mais
point trop simples ; je raisonnerais avec elle, je verrais de
quoi elle est capable, et je lui parlerais avec amitié et avec
confiance.*

Dans cette dimension, dans ce nouvel emploi de sa capacité d'aimer, elle trouve une sérénité inconnue jusqu'alors. Elle commence
à regarder l'ensemble de sa vie : ses deux enfants qu'elle chérit, ses
petits-enfants, *tout jolis, tout venus,* car constate-t-elle tristement, *je
ne vois point les petits-enfants qui me viendront de ce côté,* celui de
Charles, *mon fils, ce fripon de Sévigné,* qu'elle plaindra souvent. Il
existe entre son fils et elle une vraie complicité, une grande affection, mais elle semble trouver qu'il n'a pas su diriger sa vie. Elle
l'établira et ne le défavorisera pas pour sa sœur. Sa correspondance
est émaillée de références à son fils qui prouvent l'existence de liens
épistolaires réguliers entre eux. Le fait que l'on n'ait pas retrouvé ces
lettres ne permet pas d'affirmer qu'elle l'aimait moins. Après la mort

de la marquise, Charles reconnaît le rôle aimant et généreux de sa mère et se montre lui-même tel envers sa sœur.

A la naissance de Louis-Provence, Mme de Sévigné rend grâce au Seigneur de ce bonheur et recommande à la comtesse :

> *Mais donnez-le bien à Dieu… si vous voulez qu'il vous le donne, cette répétition est d'une grand-mère chrétienne.*

Elle est en effet profondément chrétienne en un siècle où cela peut paraître banal, sauf si elle vit sa foi avec conviction, sincérité, et si elle parvient à devenir dévote. Elle n'est pas une disciple de sa grand-mère sainte Jeanne de Chantal dont le christianisme exigeant, un peu stupéfiant, s'inscrit dans un ensemble de vocations, de missions intérieures suscitées par le souffle du concile de Trente. Oh ! elle n'aurait jamais pu emjamber le corps de sa fille pleurant et la suppliant de rester, comme le fit Jeanne de Rabutin Chantal pour son fils Celse-Bénigne, âgé de quatorze ans, qu'elle abandonnait pour se consacrer à Dieu. Toute sa vie est au contraire consacrée à ses enfants et c'est bien le problème que décèle Arnauld d'Andilly, dès avril 1671 :

> *J'allai dîner à Pomponne. J'y trouvai notre bonhomme qui m'attendait… Il me gronda très sérieusement et, transporté de zèle et d'amitié pour moi, il me dit que j'étais folle de ne*

Et se vidant des péchés
qu'elle a faits
Elle se voit remplie et
de grâce et de paix.

> *point songer à me convertir ; que j'étais une jolie païenne ;*
> *que je faisais de vous une idole dans mon cœur ; que cette*
> *sorte d'idolâtrie était aussi dangereuse qu'une autre, quoi-*
> *qu'elle parût moins criminelle ; qu'enfin je songeasse à moi.*

La place trop évidemment forte de l'amour humain, le plus honnête
soit-il, devant l'amour de Dieu ne pouvait qu'être condamnée par ce
saint homme. Ce violent attachement et la passion avec laquelle elle
prend fait et cause, jusqu'à la haine, pour les *affaires* de la comtesse
entraîneront même un refus d'absolution à deux reprises, en
décembre 1673 et en juin 1675. *Et c'est savoir le christianisme,*
admet-elle, même si sa révolte est profonde devant la pénitence
qu'on lui inflige :

> *Il est difficile de m'en donner une meilleure et qui touche*
> *plus droit à mon cœur, mais il faut tout sacrifier et passer le*
> *reste de ma vie séparée de la personne du monde qui m'est*

le plus sensiblement chère, qui touche mon goût, mon incli-
nation, mes entrailles, qui m'aime plus qu'elle n'a jamais
fait ; il faut donner tout cela à Dieu, et je le ferai avec grâce,
et j'admirerai la Providence, qui permet qu'avec tant de
grandeurs et de choses agréables dans votre établissement, il
s'y trouve des abîmes qui ôtent tous les plaisirs de la vie, et
une séparation qui me blesse le cœur à toutes les heures du
jour, et bien plus que je ne voudrais à celles de la nuit. Voilà
mes sentiments. Ils ne sont pas exagérés ; ils sont simples et
sincères. J'en ferai un sacrifice pour mon salut.

A travers cette plaidoirie perce la difficulté qu'elle éprouve à se soumettre ; on la verrait presque *gratter du pied*, trépigner en renâclant
devant la dureté de la tâche. Pour elle, la situation est d'autant plus
révoltante et imméritée :

Enfin, ma bonne, cherchez bien dans toute la Cour et dans
toute la France, il n'y a que moi qui n'aie point la joie de
voir ma fille si parfaitement aimée, et peut-être que j'étais
celle qui méritais le plus de passer ma vie avec elle. Ce sont
les règles de la Providence, où je ne puis me soumettre
qu'avec des peines que je ne vous dis point et qui vous
feraient pitié.

Avec prudence, elle soutient *nos amis, nos pauvres frères* jansénistes. Son adhésion à leurs idées apparaît dans les choix de lectures
chez Nicole, Pascal, Arnauld, saint Augustin, saint Paul… et dans
son refus de banaliser la communion, même si elle se réfère là dis-
crètement à Saint Louis, elle respecte les exigences jansénistes.

Elle s'élève aussi contre l'usage du chapelet, trop répétitif et
gênant la concentration, les excès du culte marial et des processions,
surtout en Provence. Dépouillement, exigence, approfondissement… elle fera inscrire sur le fronton de la chapelle des Rochers :
« Soli Deo honor et gloria. » Toutes les discussions philosophiques et
religieuses la passionnent, avec Pomponne, Corbinelli, le *Bien Bon*,
Arnauld d'Andilly… sur le libre arbitre, les enfants morts sans bap-
tême, la grâce, la prédestination… Sa curiosité intellectuelle l'entraî-

Blaise Pascal.

LETTRES
DE
S. FRANÇOIS
DE SALES,
AVEC

L'ABREGE' DE LA VIE SAINTE
DE MADAME
DE CHANTAL.

A PARIS,

Chez FRANÇOIS FOURNIER, ruë
S. Jacques, aux Armes de la Ville.

MDCCXLVI.
Avec Approbation & Privilège du Roi.

*A Lyon, Mme de Sévigné plaisantait
en appelant saint François de Sales son
« grand-père », lui qui partagea avec
sainte Jeanne de Chantal la fondation
de l'ordre de la Visitation.*

353

ABREGE'

DE LA VIE SAINTE
que Madame de Chantal a
menée pendant sa viduité,
c'est-à-dire depuis 1600. jusqu'à 1610 qu'elle a commen-
cé l'Ordre de la Visitation.

*Madame de Chantal fait vœu de de-
meurer veuve après la mort du Baron
de Chantal son mari, & prend la
résolution de mener une vie toute
sainte.*   Chap. XI

 Adame de Chantal, née à Dijon le 23. Janvier 1572. étoit fille de Benigne Fremiot Président à Mortier du Parlement de cette Ville. Elle épousa le Baron de Chantal qui étoit l'aîné de la Maison de Rabutin, à l'âge de vingt ans. Elle eût six enfans de son mariage, & demeura veuve à l'âge de vingt-huit en l'année 1600. ayant encore quatre enfans, un fils & trois filles.   *Maupas chap. XI*

ne aussi aux sermons qui marquent les temps du Carême et de l'Avent. Ces sermons étaient des moments importants de la vie religieuse mais aussi des manifestations littéraires et mondaines. On se bousculait à Saint-Gervais pour entendre le père Mascaron, à Saint-Paul pour le père Anselme, à Notre-Dame pour le père Bourdaloue

169

qui sévissait encore aux Tuileries, en l'église des Jésuites, rue Saint-Antoine :

> *Le père Bourdaloue tonne à Saint-Jacques-de-la-Boucherie.*
> *Il fallait qu'il prêchât dans un lieu plus accessible ; la presse*
> *et les carrosses y font une telle confusion que le commerce de*
> *tout ce quartier-là en est interrompu.*

Combien de fois Mme de Sévigné ne déplore-t-elle pas la médiocrité des sermons provençaux ! Ceux-ci lui paraissaient indispensables à l'édification des chrétiens et ils étaient bien considérés comme tels, car le père Bourdaloue fut envoyé en Languedoc pour prêcher les *nouveaux convertis* après la révocation de l'édit de Nantes.

Mais en Provence, ce qu'elle critique encore et en frissonnant, d'autant plus qu'elle rêve de finir ses jours auprès de sa fille, ce sont les coutumes funéraires :

La curiosité intellectuelle de Mme de Sévigné l'entraîne aux sermons qui marquent les temps du Carême et de l'Avent.

> *Mon Dieu, ma chère fille, que vos femmes sont sottes,*
> *vivantes et mortes ! Vous me faites horreur de cette fontange.*
> *Quelle profanation ! Cela sent le paganisme. Quelle sottise !*
> *Oh ! Mon enfant, cela me dégoûterait bien de mourir en*
> *Provence. Il faudrait du moins que vous me donnassiez*
> *votre parole qu'on n'irait point chercher une coiffeuse en*
> *même temps qu'un plombier. Ah ! vraiment, fi ! ne parlons*
> *point de cela.*

Si, parlons-en justement, car les coutumes ne sont pas identiques, au XVIIe siècle, dans le nord et le sud de la France. En Provence, le mort est habillé alors que c'était ailleurs réservé aux prélats, aux clercs, aux rois et aux chevaliers. Mme de Sévigné ne peut savoir alors qu'on la vêtira d'une robe de brocatelle bleue avant de l'envelopper dans un linceul blanc et de la déposer dans un cercueil de bois garni intérieurement de plomb. Elle sera ensuite portée processionnellement, précédée d'un clerc portant une croix, jusqu'à la collégiale Saint-Sauveur. Dans l'église, son cercueil restera ouvert devant l'autel, dévoilant son visage pendant la cérémonie et ne sera fermé que pour sa descente dans le tombeau des Adhémar, situé sous le

*Et c'est savoir
le christianisme…*

chœur. On dit que les cloches ne sonnèrent pas pour ne point alerter sa fille encore malade. Pendant les onze jours qui précédèrent sa mort, elle avait eu le temps de prendre congé de ceux qui l'entouraient, comme elle l'avait vu faire à sa tante Henriette de La Trousse :

> *Il y a trois semaines qu'elle nous donna à tous congé, parce qu'elle avait encore un reste de cérémonie, mais présentement…*

Ce n'est qu'aux derniers moments qu'elle demande à rester seule avec Dieu et reçoit l'extrême-onction. Pour notre marquise, le comte de Grignan, écrivant à Moulceau, témoignera après sa mort :

> «Elle a envisagé dès les premiers jours de sa maladie la mort, avec une fermeté et une soumission étonnantes. Cette femme si tendre et si faible pour tout ce qu'elle aimait n'a trouvé que du courage et de la religion quand elle a cru ne devoir songer qu'à elle. »

Mais pour l'heure, elle fait son dernier séjour à Grignan et se confie de plus en plus à la Providence. Elle est loin de sa révolte contre l'absurdité de la condition humaine, aux accents bien modernes :

> *Je suis embarquée dans la vie sans mon consentement. Il faut que j'en sorte ; cela m'assomme. Et comment en sortiraije ? Par où ? Par quelle porte ? Quand sera-ce ? En quelle disposition ? Souffrirai-je mille et mille douleurs, qui me feront mourir désespérée ? Comment serai-je avec Dieu ? Qu'auraije à lui présenter ? La crainte, la nécessité feront-elles mon retour vers lui ? N'aurai-je aucun autre sentiment que celui de la peur ? Que puis-je espérer ? Suis-je digne du paradis ? Suis-je digne de l'enfer ? Quelle alternative ! Quel embarras ! Rien n'est si fou que de mettre son salut dans l'incertitude, mais rien n'est si naturel… J'aurais bien aimé mourir entre les bras de ma nourrice ; cela m'aurait ôté bien des ennuis et m'aurait donné le ciel bien sûrement et bien aisément.*

Elle s'éloigne peu à peu du monde, de la ville, de la Cour dont la société l'ennuie, où elle ne trouve plus sa place. Même ses amies bien-aimées, Mme de Lavardin, Mme de La Fayette ne l'attirent plus à Paris : *Paris est en Provence... Paris est en Bretagne...* Elle préfère être auprès de ses enfants maintenant qu'elle est « vieille », comme le lui a dit un peu brutalement Mme de La Fayette. Aux Rochers, elle peut réfléchir plus qu'ailleurs, comme auparavant à Livry ; elle est *toute fine seule* et cette solitude *tête à tête* avec elle-même lui paraît préférable. Mais mon cœur, mon cœur où bats-tu ? Là-bas à Grignan où ma fille vient de repartir :

Pétrarque.

> *Et puis vous allez pour voir M. de Grignan ; vous courez à lui, ma bonne, et nous courons après vous.*

Car nous ne sommes pas si vieille que cela, nous allons doucement vers nos septante ans l'an prochain, le 5 février 1696 ; mais pour le moment, revenue à Grignan, ayant marié les deux *marmots* : Louis-Provence à Anne-Marguerite de Saint-Amans et Pauline à Louis, marquis de Simiane, en une même année, nous faisons un tour à Marseille que nous aimons bien :

> « La jolie chose que de dater une lettre de Marseille ! La jolie chose de se porter assez bien pour faire des voyages ! »

s'exclame, admirative, la fragile Mme de Coulanges, tandis que son époux Philippe-Emmanuel commence sa lettre suivante de façon bien austère et inquiétante :

> « Voilà le chapitre des mariages fini ; c'est maintenant celui des morts qui commence. »

Mais notre petite Marion est à nouveau malade. Plus de révolte, une grande lassitude, une grande tristesse et le 6 avril, alors que Mme de Grignan se remet doucement, encore pleine de langueur et de faiblesse, Mme de Sévigné tombe malade d'une fièvre continue, le jour où elle reçoit une lettre de Mme de Coulanges qui se termine ainsi :

> « Adieu, ma vraie amie, et vite adieu ; on me presse de sortir. »

Oui, il faut prendre congé, la marquise se meurt... toute la nuit, les effraies nichées dans les murailles invitent au silence de leur « chut, chut, chut », chuintement bienveillant pour celle qui savait écouter le

Laure.

chant des oiseaux. Au loin, les chiens aboient et l'un d'eux hurle à la mort. Ce 17 avril 1696, vers cinq heures du matin, l'âme de Marie de Rabutin Chantal s'envole vers Dieu. Elle ne fera pas le printemps cette année, pas une touche de vert pour elle désormais, mais elle en a déjà tant fait et bien fait ! C'est auprès de son Dieu qu'elle va se trouver, qu'elle retrouvera l'amour suprême au delà des souffrances d'un amour maternel prodigué sans retenue, de tout son cœur, de toute son âme.

Les corneilles volètent autour du château, les effraies se sont tues ; derrière la montagne de la Lance, délicatement nimbée, le soleil tente une timide luminosité : serait-ce l'aurore ? oui, mais Marie n'est plus.

Mandez-moi, ma chère, à quoi ressemble le royaume de Dieu, nous sommes bien lasse de celui des hommes, fût-il celui du Roi-Soleil.

> « O Mort, tu as décoloré le plus beau visage qui ne se vit jamais, éteint les plus beaux yeux et ravi aux liens les plus gracieux et les plus doux l'esprit le plus enflammé des ardentes vertus. »
>
> Pétrarque

Grignan, l'ancien mail, lieu de promenade et de jeu.

Grignan,
hier et
aujourd'hui

LES CASTELLANE ADHÉMAR DE MONTEIL

L'ÉCU SURMONTÉ D'UNE COURONNE DE COMTE
EST ÉCARTELÉ

AU 1 D'OR À TROIS BANDES D'AZUR
QUI EST ADHÉMAR

AU 2 DE GUEULE À LA CROIX ALÉSÉE
D'OR, CANTONNÉE DE QUATRE ROSES DE MÊME
QUI EST CAMPOBASSO

AU 3 DE GUEULE AU LION D'OR,
AU FRANC CANTON D'HERMINE
QUI EST MONTFORT

AU 4 DE GUEULE AU CHÂTEAU D'ARGENT
QUI EST CASTELLANE

ET SURMONTE LUI-MÊME LA DEVISE
« PLUS D'HONNEUR QUE D'HONNEURS »

Les Adhémar, leurs successeurs locaux

L'escalier, que sa structure gothique situe dans ce qui demeure du château moyenâgeux, s'orne de peintures descriptives nommant les plus notoires des Grignan.

J'ai peur que le vent ne vous emporte sur votre terrasse ; si je croyais qu'il vous pût apporter ici par un tourbillon, je tiendrais toujours mes fenêtres ouvertes et je vous recevrais, Dieu sait ! Voilà une folie que je pousserais loin ; mais je reviens, et je trouve que le château de Grignan est parfaitement beau : il sent bien les anciens Adhémar.

Ainsi, des Rochers en Bretagne, s'exprimait Mme de Sévigné dans une lettre adressée à sa fille, la comtesse de Grignan, le 21 juin 1671.

Les Adhémar sont, en effet, une très ancienne famille, si l'on sait que le 9 janvier de l'an 685, Lambert Adaymard, seigneur souverain de Montélimar et de Valdaine, duc de Gênes et vicomte de Marseille, épousait Magdelaine de Bourgogne. Sa filiation nous est parvenue sans discontinuité à travers vingt générations.

Néanmoins, ce n'est qu'à la dissolution du dernier duché de Bourgogne que paraissent remonter les possessions sur Grignan de ces puissants seigneurs dont les terres, sans faire partie du Dauphiné, n'appartenaient à la Provence qu'à titre marginal, ce qui les libérait de certaines redevances et témoignait de l'importance de leur souveraineté.

Ils habitaient une demeure féodale construite au XIe siècle, si l'on en juge par les rares vestiges de pur style roman que l'on peut encore voir ; en outre, ne doit-on pas considérer que la bulle du pape Pascal ll, confirmant l'allégeance à Saint-Philibert de Tournus de plusieurs églises de Grignan, dont Saint-Romain, chapelle du château, date de 1105, ce qui en suppose donc l'existence antérieure ?

Les derniers maillons de cette longue lignée, Gaucher Adhémar de Monteil, baron de

Grignan, et son fils Louis reconstruisirent, dans la première moitié du XVIᵉ siècle et sur le même emplacement, le château dans le style Renaissance que nous lui voyons aujourd'hui.

Gaucher, qui fut écuyer de Louis XI, avait notamment acquis, par son mariage avec Diane de Montfort, fille de Nicolas, duc de Termoli et comte de Campobasso, la fortune qui lui permit d'entreprendre de tels travaux. De plus, il fonda en 1512 le chapitre (très modeste : un doyen, six chanoines, un diacre, un sous-diacre) dans l'église Saint-Jean-Baptiste, située près de l'actuelle place Castellane et aujourd'hui disparue.

Louis Adhémar, chevalier d'honneur des Dames de France, filles du roi, avait été nommé en 1538 ambassadeur de François Iᵉʳ à Rome, grâce aux liens qui l'unissaient à François de Tournon, successivement archevêque d'Embrun, puis de Bourges, cardinal-archevêque de Lyon et enfin doyen du Sacré Collège. Profitant de cette fonction, il fit la démarche nécessaire pour obtenir le transfert du chapitre, nouvellement accru par l'annexion du prieuré-doyenné de Collonzelle, dans l'église qu'il venait de faire construire à Grignan et qui deviendra ainsi la collégiale Saint-Sauveur.

Son ambassade auprès de Paul III terminée, et successivement chargé de la lieutenance du roi, puis du gouvernement de Provence (1541), il participa à l'expédition contre les Vaudois à Mérindol et Cabrières, où les ordres qu'avait donnés François Iᵉʳ de combattre les huguenots furent largement dépassés. Cet excès valut à Louis Adhémar d'être incarcéré à Melun de 1547 à 1551, et il semble que François de Lorraine, duc de Guise, ne fut pas étranger à

Cette cheminée de la salle du Roi a été vendue aux États-Unis par les bons soins de Boni de Castellane.

son élargissement. Tout paraît même effacé lorsqu'en 1558, par lettres patentes du roi Henri II, la baronnie de Grignan fut érigée en comté.

Louis n'en bénéficia pas longtemps puisqu'il mourut à Lyon, dont il était devenu le gouverneur, à la fin de la même année ou l'année suivante, cela ne peut être précisé. En reconnaissance, il avait institué son légataire universel François de Lorraine, mais c'était compter sans Gaspard, comte de Castellane, baron d'Entrecasteaux, son propre neveu par sa mère Blanche. Par jugement du parlement de Toulouse, en date de 1563, Gaspard fit casser le testament en sa faveur et s'adjugea le nom et les armes des Adhémar pour inaugurer la seconde série des comtes de Grignan, les Castellane-Adhémar de Monteil.

Gaspard fut le père de Louis, marié à Élisabeth de Pontevès ; le grand-père de Louis-François, qui épousa Jeanne d'Ancézune ; l'arrière grand-père de Louis-Gaucher, époux de Marguerite d'Ornano, qui restaurera la collégiale après les guerres de Religion, et aura dix enfants dont l'aîné, François, sera ainsi le sixième comte de Grignan. Ce dernier épousera successivement :

– en 1658, Angélique-Clarisse d'Angennes, fille de Catherine de Vivonne, marquise de Rambouillet, dont il n'aura que deux filles et dont il sera veuf en 1664 ;

– en 1666, Marie-Angélique du Puy du Fou, dont il n'aura qu'un garçon mort au bout d'un an, et dont il sera également veuf en 1667 ;

– le 29 janvier 1669, en l'église Saint-Nicolas-des-Champs à Paris, Françoise-Marguerite de Sévigné. *Il faut que je vous apprenne une nouvelle qui sans doute vous donnera de la joie : c'est qu'enfin la plus jolie fille de France épouse, non pas le plus joli garçon, mais un des plus honnêtes hommes du royaume : c'est M. de Grignan que vous connaissez il y a longtemps. Toutes ses femmes sont mortes pour faire place à votre cousine, et même son père et son fils par une bonté extraordinaire...* (lettre à Bussy-Rabutin, le 4 décembre 1668).

Le 29 novembre de la même année, François de Grignan fut nommé lieutenant général pour le Roi au gouvernement de Provence. Il s'y embarqua seul le 19 avril 1670 pour résider à Lambesc, Aix ou Marseille, Grignan n'étant qu'une demeure pour l'été.

Le 15 novembre vit la naissance à Paris de Marie-Blanche, qui entra très tôt au couvent des Visitandines à Aix, où elle mourut en 1735.

Le 4 février 1671, ce fut le premier départ de Mme de Grignan pour... Grignan, la première séparation et le début de l'impérissable correspondance de la marquise.

A Lambesc, le 17 novembre 1671, pendant la réunion des états généraux de Provence, naquit Louis-Provence, parrainé par tous les conseillers.

Le 9 septembre 1674, Mme de Grignan, retournée à Paris, y mit au monde Pauline.

Entre temps, Mme de Sévigné vint pour la première fois à Grignan, où elle fit trois séjours :

– du 30 juillet 1672 au 5 octobre 1673 ;

– puis, seize ans plus tard, du 25 octobre 1690 à décembre 1691 ;

– enfin, à partir de mai 1694. Grignan fut alors la résidence dans laquelle une famille endettée dut, par économie forcée, passer toute l'année : séjours hivernaux dont la marquise évoqua les rigueurs dans certaines de ses lettres.

Mme de Sévigné eut alors la joie d'assister au mariage de deux de ses petits-enfants :

– le 2 janvier 1695, Louis-Provence épousa Anne-Marguerite de Saint-Amans, mariage célébré dans la collégiale par Louis-Joseph de Grignan, évêque de Carcassonne et frère de François ;

– le 29 novembre, dans la collégiale également et célébré par Jean-Baptiste de Grignan, archevêque d'Arles, autre frère de François, mariage de Pauline avec M. de Simiane, marquis d'Esparron et châtelain de Valréas.

Mme de Sévigné mourut le 17 avril 1696, en présence de Joseph de Ripert d'Alauzier, doyen du chapitre, et, curieusement, en l'absence de sa fille tenue à l'écart de sa maladie et de ses funérailles. On a longtemps dit que Mme de Sévigné était morte de la petite vérole : motif survenant fort à propos pour expliquer comment la fille, plus exposée aux risques de la contagion parce qu'elle-même souffrante, s'était si étrangement éloignée d'une mère qui pourtant l'idolâtrait ; maladie qui, un siècle plus tard, volera au secours de ceux (et notamment du brave abbé Martinel, curé de Grignan) auxquels elle permettra d'alléguer que la tombe de la marquise n'avait, comme nous le voyons par ailleurs, aucune raison d'avoir été violée lors de la Révolution.

En fait, Mme de Sévigné n'est morte que d'une « fièvre continue » (affection grippale, pneumonique ou typhique), et après tant d'autres, une récente autant qu'alléchante explication de l'absence de Mme de Grignan nous expose que cette mère, considérant qu'elle avait adoré sa fille plus que son Créateur, voulut, par un retour aux rigueurs de sa grand-mère, sainte Jeanne de Chantal, expier et se racheter par une définitive séparation…

Si c'est bien, en revanche, de la petite vérole que mourut à Thionville le 10 octobre 1704 Louis-Provence, qui ne laissait pas de postérité, c'est de la même affection que s'éteignit sa mère à Mazargues (Bouches-du-Rhône) le 16 août de l'année suivante. Mme de Grignan fut enterrée au couvent de la Visitation à Marseille.

François de Grignan, assumant encore son rôle de gouverneur, repoussa en 1707 les Austro-Piémontais assiégeant Toulon. Agé de quatre-vingt-cinq ans et venu une nouvelle fois à Lambesc, il mourut à Saint-Pons, sur la route du retour, le 31 décembre 1714 et fut enterré à Notre-Dame-du-Mont-Carmel à Marseille.

Pauline, qui survécut vingt ans à son mari mort en 1717, et qui ne put éponger les dettes que ses parents avaient accumulées, dut se résoudre à vendre le château. C'est M. de Félix, comte du Muy, d'une vieille famille savoyarde, qui l'acquit en 1732 pour la somme de 290 000 livres. Il fut ensuite la propriété de son fils, Louis-Nicolas-Victor, qui fut maréchal de France et ministre de la Guerre de Louis XV.

En 1755, le château passa entre les mains du neveu de celui-ci, Jean-Baptiste de Félix, marquis de Saint-Mesme, qui participa à la guerre d'indépendance américaine, combattit dans l'armée des Alpes et se trouvait en 1792 en mission en Suisse, lorsqu'il fut par erreur considéré comme émigré.

L'année suivante vit donc le démantèlement du château et la dispersion des meubles qu'il contenait. Le bâtiment tomba progressivement en ruines.

Le 5 juin 1820, celles-ci échurent à Joseph-Ferdinand-Marie de Félix, cousin du précédent, qui s'y intéressa assez peu. Cela désolait un jeune Grignanais, Léopold Faure, qui, en 1838, parvint à les acquérir pour la somme de 6 000 livres, mais faute de moyens, ne put que les consolider. En revanche, il s'efforça de retrouver et de récupérer les meubles dispersés du château.

Léopold Faure mourut le 15 novembre 1883, sa femme en 1902. Leurs deux filles, Mme Robert et Mme Cabrol, décidèrent de vendre les ruines de l'antique demeure.

C'est ici qu'il convient d'offrir au lecteur les

Vue des ruines à l'ouest prise sur la terrasse. (Carte postale ancienne)

savoureux extraits d'un ouvrage intitulé *En flâ-nant... à travers la France*, et dont le premier chapitre, consacré à Grignan, est une supplique :

A Monsieur X.
QUI SERA DIMANCHE PROCHAIN DÉCLARÉ
ADJUDICATAIRE DU CHÂTEAU DE GRIGNAN

Monsieur,

Je ne sais ni votre nom, ni vos goûts. Mais, comme lundi, devenu propriétaire du château de Grignan, vous pourriez répondre à vos conseillers bénévoles, en leur citant l'article 644 du Code civil, selon lequel la propriété est « le droit de jouir et de disposer des choses de la manière la plus absolue, pourvu qu'on n'en fasse pas un usage prohibé par les lois et les règlements », je prends les devants et vous soumets aujourd'hui les réflexions que l'annonce de l'adjudication a suggérées à tous ceux qui connaissent Grignan.

Le château n'est point classé parmi les monuments historiques. Il n'y a donc ni loi, ni règlement qui vous interdise d'en démolir les ruines. Nous ne craignons point de vous un tel excès de vandalisme. Mais il y a deux façons de détruire un château. On peut le raser. On peut aussi le restaurer. Des deux manières, on obtient le même résultat.

Le lendemain du jour de la vente, vous ver-rez accourir chez vous une armée d'architectes ambitieux de restaurer Grignan. Ils vous apporteront des plans admirables pour relever l'antique demeure des Adhémar. Priez-les d'at-tendre, et – emportant la correspondance de Madame de Sévigné – allez visiter votre nou-veau domaine. Entre deux bourrasques de mis-tral, écoutez ce que vous diront les vieilles pierres. Elles sont, en ce lieu merveilleux, d'une éloquence incomparable.

....

« Les délicats ornements de la Renaissance qui décorent la vieille forteresse des Adhémar. »

La première beauté de Grignan, c'est une beauté féodale, grandiose, presque tragique. Les hommes de la Renaissance, puis ceux du XVIIᵉ siècle, ne voulurent pas changer la place du logis familial, et, fidèles au lieu où leurs ancêtres avaient vécu et guerroyé, ils édifièrent leur palais de luxe et de fête sur ce roc gigantesque, bastionné, imprenable. Mais tant d'élégances et de somptuosités, sur cette cime battue par la bise, étaient déjà un peu étranges, il y a trois cents ans. Que serait-ce, si l'on voulait aujourd'hui relever ce décor splendide et paradoxal ?

....

Ayant gravi la pente qui contourne le pied des remparts, vous vous trouverez en face de deux tourelles ; elles sont modernes, lugubrement modernes : c'est la seule trace de restauration que l'on rencontre à Grignan. Considérez bien leur laideur. Aucun avertissement ne saurait être plus salutaire.

Le reste du château n'est qu'une grande

ruine. Ceux qui vous ont précédé se sont contentés de la protéger de leur mieux ; ils ne se sont pas acharnés à réparer des ans l'irréparable outrage ; ils n'ont point songé à restituer ce que les hommes et le climat avaient anéanti. Ils vous ont transmis un édifice parfaitement inhabitable, à demi-écroulé, sans toit ni fenêtre, mais qui en cet état demeure une des plus belles œuvres d'art qui soient sur le sol de France. Nous vous supplions de nous la conserver.

....

Tout cela est d'une rare et royale beauté. Ce serait pitié que de laisser les architectes gâcher un tableau si parfait et si émouvant. Mais Grignan n'est pas seulement la ruine d'un chef-d'œuvre. Grignan est un logis hanté, dont il ne faut pas laisser chasser l'esprit familier. C'est le séjour où la passion maternelle ramène et ramènera toujours l'âme de Madame de Sévigné. Ne bâtissez pas un château tout neuf : l'âme effarouchée ne reconnaîtrait plus les murs de Grignan ; l'esprit s'en ira.

Tant de souvenirs – et je n'ai pu ici que recueillir au hasard quelques bribes de ces lettres où le nom de Grignan revient à chaque page – doivent protéger les ruines contre toute tentative de restauration. Ce serait un sacrilège ! C'est pourquoi je vous adresse, Monsieur, en toute confiance, la requête des admirateurs de Madame de Sévigné. On ne saurait toucher aux ruines de Grignan sans manquer au respect que l'on doit aux débris d'un chef-d'œuvre et sans faire affront à la mémoire d'un grand écrivain français. C'est affaire de goût et de piété.

Gardez-nous seulement Grignan tel qu'il

*« En 1902, le château a été vendu une vingtaine de mille francs ;
c'est un prix dérisoire quand on pense à la valeur des seules sculptures. »*

subsiste aujourd'hui. Nous vous en aurons une profonde reconnaissance.

24 octobre 1902

Grignan fut vendu et ne fut pas restauré. Naguère, j'ai revu les débris du château couronnant le grand rocher, au milieu de la plaine pierreuse que dévastent les ouragans du nord ; j'ai revu les façades à demi-écroulées, les portes basses encadrées de verdure, les délicats ornements de la Renaissance qui décorent la vieille forteresse des Adhémar, les cheminées sculptées restées accrochées aux murailles, les margelles disjointes des bassins, les statues brisées gisant au pied des ifs, les grands vases de marbre demeurés debout sur leurs piédestaux et l'immense terrasse avec ses balustrades de pierre. Tout avait été respecté. On laissait le temps et le mistral faire leur œuvre lentement et on pardonnait aux pillards de la Révolution d'avoir saccagé une demeure aussi magnifique, en pensant que, pendant des siècles et des siècles

encore, ces ruines resteraient des ruines. Mais voici qu'aujourd'hui c'est l'autre danger, celui qu'en 1902 on se refusait à prévoir, qui menace Grignan. On ne démolit point les ruines, à la vérité, mais on les veut dépouiller de ce qui faisait leur splendeur. On veut tout brocanter, les frises, les médaillons, les cheminées, tout, jusqu'aux balustres de la terrasse. Déjà les vases de marbre, d'un galbe si grandiose et si puissant, sont vendus à des marchands de bric-à-brac. Comme ce beau château de Montal, dont les précieuses sculptures ont été arrachées et dispersées par des antiquaires, Grignan va être dépecé et tout ce qui reste de son décor s'en ira dans des musées lapidaires ou dans des collections particulières. Un homme de goût s'efforce maintenant à grands frais de reconstituer Montal. Nous ne pouvons même pas espérer qu'il se trouvera un jour quelqu'un pour réunir les épaves de Grignan. On ne reconstitue pas une ruine et Grignan n'est qu'une ruine !

Il y aurait un moyen d'empêcher cette pitoyable aventure. Il eût suffi que l'État classât Grignan parmi les monuments historiques. Le propriétaire s'y serait sans doute refusé. Mais, nous ne cesserons de le répéter, la loi permet alors l'expropriation. Il fallait user de la loi. En 1902, le château a été vendu une vingtaine de mille francs ; c'est un prix dérisoire quand on pense à la valeur des seules sculptures. Et ce ne sont pas seulement ces quelques œuvres d'art, si précieuses soient-elles, que la France a le devoir de protéger : le site de Grignan est d'un pittoresque incomparable ; enfin c'est à Grignan que la passion a maintes fois ramené Madame de Sévigné, et cet unique souvenir devrait suffire à faire de la ruine de Grignan un monument historique, si la dévotion aux gloires de la littérature française ne passait aujourd'hui pour la plus ridicule des manies.

7 mai 1909

Ainsi s'exprimait à deux reprises, à sept ans d'intervalle, André Hallays.

C'est qu'entre temps les ruines ont été vendues à Boni de Castellane, le trop célèbre dandy de la Belle Époque, qui, comme on vient de le voir, disperse ce qu'il peut, imité en cela d'ailleurs par son cousin, Raymond de Castellane-Norante, nouveau propriétaire en 1910.

Mme Fontaine les acquiert en 1912 et consacre sa fortune à la fidèle restauration du château tel qu'on le voit aujourd'hui.

Gageons qu'André Hallays ne serait pas le dernier à s'en féliciter ! Nous y avons gagné de surcroît un texte pour le moins savoureux.

Cette ancienne carte postale nous montre le portique à l'entrée de la galerie des portraits des Adhémar. Au fond apparaît la tour du Veilleur d'armes.

Propriété jusqu'en mai 1978 du comte et de Mlle Yvonne Baroux de Heerdt, neveu et nièce de celle qui la rétablit, la noble demeure se trouve être actuellement et depuis cette date entre les mains du conseil général de la Drôme, confiée à un conservateur également chargé des châteaux de Montélimar et Suze-la-Rousse, autres propriétés du département.

Historique
de la publication
des *Lettres*
de Madame de Sévigné

Vouloir relater en peu de mots comment nous sont parvenues, incomplètes certes, mais aussi proches que possible de leur contenu originel, les *Lettres* de Mme de Sévigné, relève en fait d'un exercice peu facile : les auteurs des éditions les plus récentes sont eux-mêmes divisés sur ce cheminement.

Dés 1696, quand meurt la marquise, et l'année suivante, paraissent successivement dans les *Mémoires*, puis les *Lettres* de Roger de Bussy-Rabutin, son cousin décédé trois ans avant elle, six, puis cent neuf des lettres que lui avait adressées Mme de Sévigné, suivies de trois autres en 1709.

C'est Amé-Nicolas de Bussy, retiré dans ses terres de Bourgogne et retrouvant les manuscrits laissés par son père, qui se fait l'auteur d'une telle publication et qui, le premier,

révèle au public le génie épistolaire de la marquise. Le succès qu'il remporte l'incite à solliciter de Pauline de Simiane l'envoi des lettres dont Mme de Grignan avait été la destinataire.

La petite-fille de Mme de Sévigné, qui habite Paris où son mari occupe la charge de premier gentilhomme de la Chambre du duc d'Orléans, est de retour en Provence quand meurt son père, le 31 décembre 1714. Dans les coffres du château de Grignan, elle opère un premier tri de cent trente-sept lettres qu'elle adresse à Amé-Nicolas.

Cet envoi sera suivi d'autres, mais il ne fait aucun doute que de tels choix, aboutissant à des lettres expurgées, tiennent au fait que certains de ceux dont il peut être question dans la correspondance de Mme de Sévigné sont encore en vie, ou que certaines « affaires de famille » ne doivent pas être divulguées. Il s'agit notamment, bien entendu, de difficultés financières auxquelles se heurtaient les Grignan et dont à l'évidence s'entretenaient la mère et la fille. Ce sont des déductions récentes qui permettent de situer entre 1715 et 1719 la période durant laquelle furent réalisées, au château de Bussy et sous la direction d'Amé-Nicolas, les nombreuses copies, et notamment le *Recueil de plusieurs lettres de Marie de Rabutin Chantal, marquise de Sévigné*. Ce manuscrit découvert ultérieurement dans les conditions que nous verrons plus loin, et resté longtemps mystérieux, constitue en effet la pièce maîtresse à partir de laquelle furent pratiquement réalisées les publications essentielles à notre connaissance des *Lettres* de la marquise.

L'édition la plus ancienne des lettres à Mme de Grignan paraît en 1725 sous le titre : *Lettres choisies de Madame la Marquise de Sévigné à Madame de Grignan, sa fille, qui contiennent beaucoup de particularités de l'histoire de Louis XIV.* C'est un mince volume de vingt-huit lettres, se bornant à des révélations anecdotiques sur les événements de la Cour, et dont on ne sait qui a pu les procurer à l'éditeur de Troyes. Peut-on imaginer tout au plus que ce fut une tentative pour susciter l'intérêt du public, déjà mis en éveil par la parution de la correspondance avec Bussy ?

Les deux volumes imprimés à Rouen l'année suivante sous le titre : *Lettres de Marie de Rabutin Chantal, marquise de Sévigné, à Madame de Grignan, sa fille,* et qui révélaient cent trente-sept lettres, semblent avoir eu en effet un succès considérable. Tout nous porte

cependant à croire que Pauline de Simiane n'en fut pas préalablement informée, ni de l'édition parue la même année, sous le même titre, à La Haye et qui fut, en revanche, un échec commercial.

Ces « éditions furtives » se multipliant, six en sept ans, Pauline est amenée à en vouloir une qu'elle dirigera. Elle en confie la tâche à Denis-Marius Perrin, d'Aix-en-Provence, qui publie en 1734 les quatre premiers volumes de son édition, soit six cent quatorze lettres dans lesquelles il cherche à mettre un peu d'ordre : ce n'est pas une mince affaire, car Mme de Sévigné n'avait jamais pris le soin de dater l'année de ses lettres. Œuvre qui ne satisfait cependant pas Pauline, puisqu'à l'automne 1734 elle détruit toutes les lettres de Mme de Grignan à la marquise et probablement un certain nombre de lettres de cette dernière. Mais c'est Perrin qui possède les autres autographes, Perrin avec qui elle est maintenant en désaccord et qui s'arrange pour ne pas les lui rendre. Les deux derniers volumes de son édition paraîtront quelques semaines avant la mort de Pauline, qui fait jurer à son gendre, le marquis de Castellane-Esparron, de détruire les autographes qu'elle lui laisse : quelques lettres de Mme de Sévigné à la comtesse de Grignan et de cette dernière à son mari.

Le marquis ne se presse pas, et c'est en 1754 la parution de la seconde édition Perrin, livrant, en huit volumes, sept cent soixante-douze lettres moins amputées qu'en 1734, puisque Pauline n'est plus là pour le lui imposer. Il paraît maintenant vraisemblable que Perrin opéra ensuite et à son tour la destruction des autographes dont il disposait.

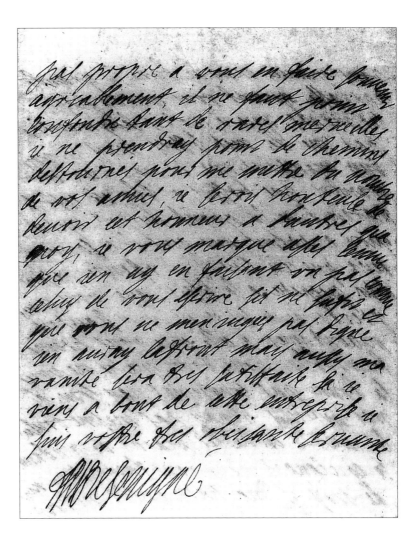

De son côté, en 1784, le marquis de Castellane-Esparron réalise à son lit de mort la promesse faite à sa belle-mère ; non lui-même, mais par le bras d'un jeune cousin, le comte de Castellane-Saint-Maurice, révolté, puis consterné, car la marquise, morte près d'un siècle plus tôt, est depuis longtemps déjà reconnue pour un grand écrivain.

Jusqu'en 1819, et si l'on excepte les *Lettres à Pomponne* parues en 1756, les *Lettres au Président de Moulceau* découvertes en 1773, les *Lettres aux Guitaut* publiées en 1814 et quelques autres lettres, retrouvées, à Mme de Grignan et à l'abbé d'Hacqueville, selon Gérard-Gailly, « la marquise de Sévigné, qui est un peu la marquise Perrin, semble fixée ».

C'est alors qu'apparaît la première édition Mommerqué, groupant mille quatre cent une lettres en dix volumes et comportant, outre l'adjonction de nouveaux documents, une meilleure fidélité au texte originel. Édition donnant l'éveil à un certain marquis de Grobois, qui conserve dans son château de Bourgogne un gros in-folio, copie du début du XVIIIe siècle portant l'inscription : *Lettres de Madame de Sévigné* et dont il ignorait jusqu'alors la valeur. Il le confie à Mommerqué, qui le juge inestimable et va lui consacrer les quarante dernières années de sa vie. Tâche que celui-ci ne pourra terminer, qui sera reprise à sa mort par Adolphe Régnier et qui aboutit, en 1862, aux *Lettres de Madame de Sévigné, de sa famille et de ses amis* qui inaugure, chez Hachette, la célèbre «Collection des Grands Écrivains de la France».

Or, pendant plus d'un an, de 1872 à 1873, traînèrent à l'éventaire d'une brocanteuse de Dijon, Mme Caquelin, six in-quarto, soit deux mille six cents pages, provenant de la vente aux enchères publiques, à Semur-en-Auxois, d'objets ayant appartenu à une certaine famille Massol. Charles Capmas, professeur à la faculté de droit de Dijon, après l'avoir négligemment consulté comme beaucoup d'autres, l'acquiert et s'aperçoit, ébahi, que le manuscrit Grobois n'est en fait qu'une médiocre copie de ce qu'il vient de découvrir. Ce qu'on appellera dorénavant le «Capmas» n'est autre que le manuscrit, copié sous la direction d'Amé-Nicolas de Bussy, dont nous avons parlé plus haut. Pour des raisons financières, il ne peut être question de refaire l'édition des «Grands Écrivains de la France», dont la parution est relativement récente. On se contente d'adjoindre à l'édition de 1862 deux volumes intitulés : *Lettres de Madame de Sévigné à Madame de Grignan*.

Il faut arriver à 1953-1957 pour voir paraître, dans la Bibliothèque de la Pléiade, une nouvelle édition due à Gérard-Gailly et qui a pour base le Capmas.

C'est dans cette même Bibliothèque que nous devons à la scrupuleuse autant qu'éblouissante érudition de Roger Duchêne, professeur à l'université d'Aix-Marseille et membre de l'Académie de Provence, la plus récente édition en trois volumes consacrée à Mme de Sévigné.

Compte tenu des lettres manuscrites dont nous savons l'existence et de celles dont nous avons montré comment elles furent détruites, il manque essentiellement à notre connaissance :
– environ cent soixante lettres à Mme de Grignan ;
– toutes les lettres, sauf une, adressées à Madame de La Fayette ;
– toutes celles que reçurent le cardinal de Retz et Mme de Lavardin ;
– de nombreuses lettres écrites aux Coulanges, notamment celles adressées de Grignan au cours du dernier séjour que Mme de Sévigné y fit.

Elles ne nous parviendront vraisemblablement jamais.

A moins que…

Le château, son abord, sa description extérieure

Deux tourelles, lugubrement modernes…

Au visiteur qui s'enquiert du chemin à prendre pour parvenir au château, ne convient-il pas de répondre : «tant que vous montez»? On ne trouve en effet de plus dominante demeure sur son imposant rocher. De ce fait, le village ne possède pas, comme ailleurs en Provence, la place centrale où sous d'ombrageux platanes s'accouplent malicieusement pastis et cochonnet. Les lieux de stationnement automobile pour le touriste se trouvent ainsi éparpillés et les voies d'accès au château sont donc multiples et variées. Nous choisirons la moins directe certes, mais aussi la moins abrupte, la seule que pouvaient utiliser les carrosses et autres voitures à chevaux.

Tournant le dos à la statue de la marquise, place de Sévigné, installée là depuis le milieu du siècle dernier, nous laissons à main droite l'hôtel de ville édifié à la même époque, avec son portique à colonnes couronné d'un balcon à balustres. En face, la porte du Tricot, devenue plus tard porte de l'Horloge, est surmontée d'une tour à créneaux et machicoulis du XIIᵉ siècle improprement appelée «beffroi». Derrière celui-ci, la rue d'Or entassait les boutiques des orfèvres juifs, de part et d'autre de l'hôpital, dont on retrouve à droite la porte qui a conservé sur son linteau le monogramme IHS (Jesus Hominum Salvator).

La voie d'accès au château que nous empruntons alors au bas des remparts ébauche une circonvolution la faisant pénétrer au cœur même du vieux village. D'abord rue du Tricot avec quelques boutiques et de vieilles maisons, puis sur une assez courte distance… Grande rue, comportant une belle demeure qui abrite actuellement l'office de tourisme, elle devient ensuite bien naturellement rue

Saint-Sauveur puisqu'on découvre sur sa droite le presbytère, reconnaissable aux deux vases de pierre, de style Louis XV, qui encadrent le médaillon surplombant la porte ; quelques mètres plus loin, mais à gauche, s'ouvre le portail de fer forgé d'où partent les escaliers, classés monument historique depuis octobre 1951, qui débouchent sur le parvis de la collégiale.

Poursuivant notre chemin et contournant le bas du mur d'enceinte du château, nous parvenons à la « Placette » dominée par sa croix, d'où, tourné vers le levant, l'on a un beau point de vue sur les vieux toits du village, la campagne environnante, l'imposante montagne de la Lance et, au sud-est, par temps clair, le Ventoux, « Seigneur de Provence ».

Nous retournant, nous découvrons l'accès de la demeure seigneuriale bâtie sur un rocher de pierre relativement tendre, dite « molasse », et qui occupe, cours, terrasses et jardins inclus, un plateau d'environ un hectare.

Le châtelet d'entrée et la base des tours qui l'encadrent sont du XIIIe siècle, tout comme l'enceinte murale, probablement construite à partir de cette époque ; le portail en plein cintre et la partie supérieure des tours ont été réalisés au XVIe siècle. En revanche, les pinacles et les poivrières de style Violet-le-Duc, qui les surplombent inesthétiquement, sont des adjonctions faites au siècle dernier par Léopold Faure, alors propriétaire de la demeure ou du moins de ses ruines.

Jusqu'à ces toutes dernières années, l'unique accès au château occupait, derrière le monumental portail, un passage voûté où s'engouffraient autant le mistral que les visiteurs, le premier procédant par bourrasques, les seconds bien souvent par vagues. Il fallait une solution à ces désagréments. Depuis le début de 1995, une ouverture réalisée à droite dans la muraille a permis de transformer un entrepôt, également voûté et depuis longtemps inutilisé, en vaste salle d'accueil et petite librairie spécialisée, tout en offrant au personnel un plus agréable confort.

Ainsi parvenus dans l'enceinte même de la demeure seigneuriale, nous gravissons quelques mètres pour en découvrir d'un seul coup, éclatante au soleil du midi, la façade principale. *Vous m'y représentez,* répond en juin 1671 la marquise à sa fille, châtelaine de fraîche date, qui lui avait transmis ses propres et premières impressions, *un air de grandeur et de magnificence dont je suis enchantée.* D'autant qu'un jardin à la française en occupait alors le premier plan. Sans aller jusqu'à le rétablir, ce qui n'avait pas été fait lors de la restauration des bâtiments au début de ce siècle, de récentes initiatives se sont efforcées d'atténuer l'aspect uniforme et quelque peu sévère de la cour d'honneur.

Œuvre de Louis-Adhémar qui l'édifie en 1545, l'imposante façade, tout comme la cour elle-même, porte le nom de François Ier. Une telle appellation veut évoquer le court séjour qu'auraient fait au château en 1533 le roi de France et sa femme Éléonore de Habsbourg, de retour du mariage à Marseille du jeune duc d'Orléans, futur Henri II, avec Catherine de

Ci-contre, plan-masse du château au sommet de son village. (Dessin de Bertrand Verrier)

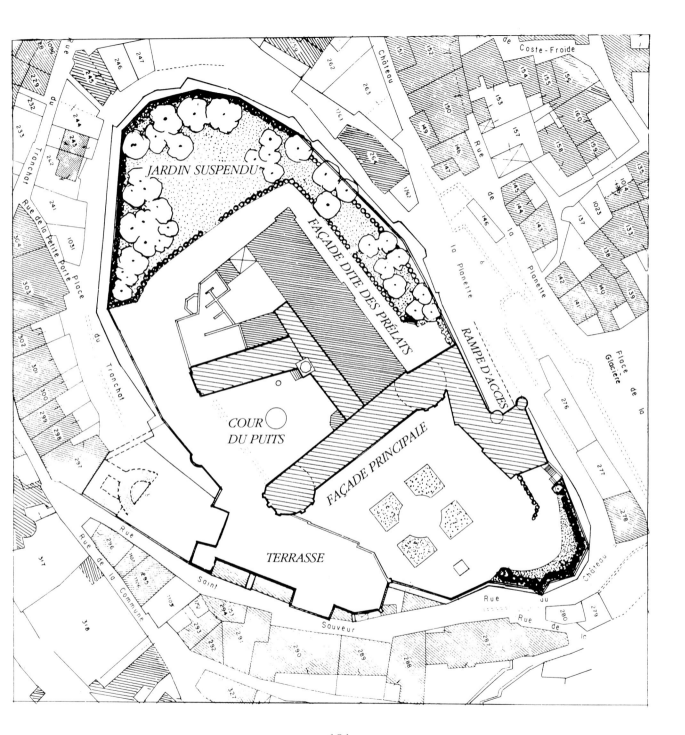

JARDIN SUSPENDU

FAÇADE DITE DES PRÉLATS

RAMPE D'ACCÈS

COUR
DU PUITS

FAÇADE PRINCIPALE

TERRASSE

La tour Sévigné.
Sur leur droite, en empruntant le
passage voûté en plein cintre, sous
la tour est, les « carrossées » contour-
nent le château par le nord pour
atteindre la cour du Puits…

La galerie des Adhémar.

Médicis, nièce du pape Clément VII, que le roi rencontra à cette occasion. Trois étages de fenêtres à meneaux, à doubles croisillons, sont encadrés :
– au rez-de-chaussée, de colonnes et pilastres à fond plat, à cannelures et à chapiteau corinthien ;
– au premier étage, de colonnes à fût lisse et à chapiteau corinthien ;
– au second étage, de colonnes à fût cannelé et à chapiteau également corinthien.

Au faîte de la corniche de l'entablement supérieur, un attique a son horizontalité rompue par une série de pots à feu.

A cet aspect caractéristique de la Renaissance s'ajoutèrent au XVIIᵉ siècle le large perron à six marches (que les reproductions plus anciennes révélaient beaucoup plus restreint), la porte principale et, s'intercalant parmi les fenêtres, les niches à coquilles, adjonctions qui furent l'œuvre de François, gendre de Mme de Sévigné. De ces niches, nul ne sait si et par quoi elles furent occupées, et il n'est pas impossible de penser que le comte n'en eut plus les moyens.

C'est cette façade, dans sa portion médiane, qu'en 1793 les révolutionnaires s'acharnèrent à démolir, en même temps qu'était réalisé le démantèlement de la toiture. Sachant qu'elle fut restaurée de 1913 à 1920, pourrions-nous

La façade dite « des Prélats » gravée au XIXe siècle.

nous étonner de son aspect paradoxal ? Les pierres qui en composent le second étage bénéficient de la même patine qu'au rez-de-chaussée, laissant au niveau intermédiaire un aspect neuf. En fait, la pluie, gouttant de la corniche et rabattue par le vent, s'est substituée à l'œuvre du temps.

De part et d'autre de la façade, deux tours permettent l'accès à la partie postérieure du château : notamment celle de droite sous laquelle pénétraient plutôt que s'engouffraient les carrosses, tant la grimpée qui s'achevait avait été pénible pour les chevaux. Cette tour,

dite « Sévigné », doit son appellation au cabinet de lecture de la marquise dont la fenêtre, de dimension réduite et à simple croisillon, surplombe du second étage le passage voûté en plein cintre.

Au delà de celui-ci s'étend la façade du levant, inscrite depuis 1947 à l'Inventaire supplémentaire des monuments historiques pour sa portion sud et son pavillon central qui, épargnés lors du saccage révolutionnaire, n'eurent pas à être restaurés.

Il est de bon ton pour un châtelain d'apporter sa pierre à l'édifice ancestral. Encore faut-il en avoir les moyens. François de Grignan vit certes au-dessus des siens et Mme de Sévigné ne s'est guère gênée, affectueusement mais fermement, pour le lui faire remarquer. Mais c'est une demeure familiale, et les frères du comte, Jean-Baptiste, coadjuteur, puis archevêque d'Arles, et Louis, évêque de Carcassonne, vont y pourvoir. *L'offre que vous faîtes au Coadjuteur d'achever de bâtir votre château est une chose qu'il acceptera sans doute. Que ferait-il de son argent ? Cela ne paraîtra pas sur son épargne*, écrira Mme de Sévigné à sa fille le 19 juillet 1671.

L'appellation de cette façade, dite « des Prélats », est en réalité abusive. Les travaux entrepris à l'époque de François de Grignan la concernent tout entière autant que les appartements qu'elle protège. Mais si le maître de l'ouvrage de l'aile sud en est le châtelain lui-même, les deniers des ecclésiastiques ne concerneront que le pavillon central et l'aile nord. Si M. d'Arles est plein d'ardeur : *quelle rage de bâtir et de débâtir* (14 février 1689), M. de Carcassonne se fait prier, au point que Mme de Sévigné s'exclamera que *les pattes de M. de Carcassonne sont recroisées*. D'ailleurs, l'absence de balustrade sur le balcon qui occupe l'aile nord de la façade et la sculpture demeurée à l'état d'ébauche de certaines de ses pierres en expriment l'inachèvement.

Ces travaux qu'une tradition, davantage que la vérité historique, attribuerait à Jules Hardouin Mansart, vont durer près de cinq ans, avec bien des désagréments : *un château où l'on bâtit n'est pas habitable* (18 octobre 1688).

Les gravures anciennes donnent à cette façade une importance et des dimensions identiques à

La tour hexagonale et l'aile qui conduit à la terrasse.

celles de la cour d'honneur. Mais ce ne sont que des gravures. En réalité, la moitié sud comportait deux étages, comme le reste du château ; l'aile nord sera limitée à un seul étage, démoli à l'époque révolutionnaire, et qui ne sera pas restauré, tel qu'on le voit actuellement. Entre les deux, le pavillon central est surmonté d'un balcon à balustres, flanqué de deux pilastres à chapiteau ionique, encadrant une porte-fenêtre à double croisillon et supportant un fronton triangulaire. Au delà de l'étage supérieur, un fronton monumental domine le tout.

Contournant cette façade, nous longeons l'extrémité nord des appartements non restaurés des prélats. Puis, derrière des murs dont l'ancienneté apparente peut être discutée, au même titre que la tour d'angle dont on se demande comment elle put être bâtie là au XIXe siècle, se trouvent les vestiges que la féodalité nous a transmis. Ce sont ceux de Saint-Romain, primitive chapelle du château : un frêle arceau ogival, deux hautes ouvertures en plein cintre.

*Vestiges de la féodalité :
deux hautes ouvertures ogivales.*

A droite, c'est un jardin de verdure et d'arbustes en quelque sorte suspendu au-dessus du village, mais dont il n'est fait, semble-t-il, aucune mention dans la correspondance de Mme de Sévigné.

A l'image des carrosses dont c'était le parcours, nous parvenons ainsi dans la cour du Puits, autrefois de plain-pied. Ce puits très ancien, profond d'une quarantaine de mètres, voisine avec une citerne enfouie dans le sol qui recueille des toits les eaux de pluie. En revanche, le vaste bassin central installé là au XIXe siècle, puis ultérieurement disparu, a vu ses pierres éparpillées reprendre très récemment leur place.

Les trois façades Renaissance de cette cour dite également «Sévigné» contrastent avec la tour carrée de l'époque féodale qui orne son angle nord-est.

Au nord, la galerie des Adhémar, dans laquelle il est possible de pénétrer à l'extrême-gauche de la façade, a sa véritable issue dans un portail surmonté d'un écusson portant les armes des Adhémar – d'or à trois bandes d'azur – face au couchant. C'est l'œuvre du gendre de Mme de Sévigné, tout comme les six fenêtres et la terrasse à balustres – qui n'est plus maintenant que le toit de la galerie – sous lesquelles émergeait une série de chevaux marins, malencontreusement disparus et remplacés par des gargouilles symbolisant les sept péchés capitaux.

A l'angle nord-est de la cour, la tour dite «du Veilleur d'armes» s'orne d'une très belle porte dont le linteau mouluré en accolade repose sur des montants en torsade.

Porte de la tour du Veilleur d'armes.

Sur les versants est et sud de la façade, des fenêtres à meneaux, à double croisillon, sont séparées d'un étage à l'autre par une double frise, dont la plus haute seule est décorée ; flanquant chaque fenêtre, des colonnes à fût cannelé au premier étage, à fût lisse au second, sont toutes surmontées d'un chapiteau corinthien. Un attique, lui aussi agrémenté de pots à feu, parachève cette façade.

La tour hexagonale Saint-Gilles, dans l'angle sud, permet d'accéder aux appartements dont on a faussement et longtemps dit qu'ils étaient ceux dans lesquels Mme de Sévigné mourut le 17 avril 1696. Il s'agit en fait des appartements occupés par le comte de Grignan et notamment de sa chambre, dite « à l'alcôve ».

Six degrés séparent la cour de la somptueuse terrasse qui recouvre notamment le toit de la collégiale Saint-Sauveur. Tous les auteurs ne s'accordent pas sur la date de sa construction et donc sur le nom de celui qui la décida : Louis Adhémar, en même temps qu'il édifia l'église, de 1535 à 1539 (?), ou François de Grignan, vers 1680 (?). Il semble que les guerres de Religion, tout autant que l'usure du temps, contribuèrent fortement à l'endommager. Le gendre de Mme de Sévigné n'aurait assumé que des réparations, substituant cependant d'élégantes balustres au parapet plein : *Je vois d'ici votre belle terrasse des Adhémar et votre clocher que vous avez paré d'une balustrade qui doit faire un très bel effet ; jamais clocher ne s'est trouvé une telle fraise* (24 juillet 1680). De là à confondre édification totale et partielle, il n'y avait qu'un pas que certains ont franchi.

La superposition d'un monument devenu

La somptueuse terrasse qui recouvre notamment le toit de la collégiale Saint-Sauveur.

alors public (l'église) et d'une construction privée (la terrasse), dont on conviendra qu'elle n'est pas très répandue, aura constamment posé des problèmes : à propos notamment des infiltrations d'eau de pluie. A tel point que le Conseil des avocats de Paris, requis pour donner un avis, estima *que la Fabrique de l'église de Grignan* (alors propriétaire du

197

Cette gravure, parue en 1823, imagine un château achevé, et à son pied un village dans ses fortifications.

sanctuaire) *pourrait faire disparaître la terrasse placée au-dessus de cette église* (3 août 1868)

Il n'en fut rien, fort heureusement. *La plus belle terrasse du monde,* d'où une vue circulaire embrasse six départements, est toujours là, mais sans ses problèmes, du moins l'espère-t-on, puisque de très récents travaux ont permis d'en parfaire l'étanchéité, tout en restaurant la balustrade très fragilisée... et qui ne correspondait plus aux normes de sécurité.

Le château,
visite intérieure :
une heureuse
restauration

A voir la façade principale du château telle que nous la révèlent les lithographies du siècle dernier, ou, plus précises, des photographies du début du nôtre, plus que des ruines, c'est une large béance.

Ni Léopold Faure, ni Boni de Castellane ne la relevèrent. L'un n'en avait pas les moyens, l'autre, à la suite de ses déboires conjugaux, vendit tout ce qu'il put détacher (cheminées, vasques de pierre). C'est pourtant au niveau de cette façade que nous allons, naturellement, pénétrer dans la seigneuriale demeure.

Ainsi ne sera-t-on jamais assez reconnaissant à Mme Fontaine qui, suffisamment documentée et fort bien conseillée, s'attacha à une reconstitution aussi fidèle que possible et la redressa dans son intégralité, telle que l'avait imaginée à la Renaissance Louis-Adhémar et que l'avait remaniée au Grand Siècle François de Grignan.

En même temps que la façade, Mme Fontaine restructura la presque totalité des bâtiments intérieurs en rétablissant l'organisation des différents lieux tels qu'on pouvait les imaginer aux siècles précédents. Mais, châtelaine estivale et n'occupant qu'une portion restreinte de la demeure, elle n'en organisait pas la visite, qui ne débuta, très restreinte, que lorsque lui succéda sa nièce, Mlle Baroux.

Ce n'est qu'en 1978, lorsque le conseil général se porta acquéreur du château, que furent entreprises de nouvelles recherches basées sur des documents d'archives. Les meubles que Léopold Faure s'était efforcé de retrouver réintégrèrent le château, sans parvenir à suffisamment occuper les pièces réaménagées. De patientes investigations aboutirent à l'acquisition par le conservateur, M. Christian Trézin, dans des ventes aux enchères ou des châteaux de la région, d'un mobilier divers correspondant au style et à l'esprit des époques concernées.

Par ailleurs, furent tissées à Lyon, par la Maison Prelle, pratiquement tous les décors d'étoffes que l'on peut admirer en maintes pièces du château.

La porte d'entrée franchie, le vestibule que l'on découvre est, par ses dimensions, à la mesure de l'éclat que François de Grignan voulut donner à sa demeure. C'est un lieu d'accueil et de rencontres, mais aussi d'occasionnels et attrayants repas : *Le vestibule est beau et l'on peut y manger fort à son aise.*

« Le vestibule est beau... »

Les jumelles Henriette et Élisabeth, filles de Louis XV.

A droite, l'escalier d'honneur mène aux appartements et salles d'apparat du premier étage. L'escalier de gauche conduit aux appartements du second étage. Dans le fond de ce vestibule, une chaise à porteurs recouverte de cuir peint, du XVIIIe siècle, voisine avec une glace de même époque.

Empruntant l'escalier d'honneur, nous parvenons à un premier palier d'où nous pénétrons dans l'office.

C'est la plus ancienne pièce du château, transition entre la demeure féodale, dont elle reste une partie intégrante, et l'aile Renaissance au midi. Elle est toujours demeurée un office, intermédiaire entre les cuisines, sur ses arrières, et les divers lieux de restauration, notamment le vestibule d'entrée ou la grande galerie : *Vous voilà dans la solitude... Je m'en vais parier que vous n'êtes plus que cent personnes dans votre château.* La cheminée de pierre et sa sculpture ne datent que du début de notre siècle. La salamandre, réputée pou-

La chambre de la comtesse.

Le cabinet de la comtesse.

voir vivre dans le feu, est le symbole de l'ardeur amoureuse et, à ce titre, pouvait constituer l'emblème de François Ier, hôte d'un jour du château.

Quittant l'office pour reprendre l'escalier, nous nous trouvons face au portrait de Mme Fontaine, alors âgée de soixante ans.

Sur le palier supérieur et nous retournant, nous découvrons deux tapisseries. Le sujet de

celle d'Aubusson, à gauche, est tiré de *La Jérusalem délivrée* du Tasse : épisode du siège d'Antioche lors de la première croisade, en 1098. C'est là que mourut, mais de la peste, un ancêtre des Grignan, Aymar, évêque du Puy, qui y participait comme légat du pape. La tapisserie de Felletin, à droite, s'intitule *La Clémence d'Alexandre*. La mère de Darius, le vaincu, implorante, se jette par erreur aux pieds du lieutenant d'Alexandre. Malgré sa méprise, elle obtient la clémence pour son fils.

Nous pénétrons alors dans une salle dite actuellement et peut-être à tort « salle neuve ». En fait, créée sous Louis-Adhémar entre 1688 et 1690 et non remaniée, nous la qualifierons de « salle vieille du château ». C'est là qu'ont été récemment installés un « lambris de hauteur » et sa corniche, du XIXe siècle, provenant de Crest. Le décor intercalaire, tissé par la maison Prelle, est un « brocart d'or et de soie à motifs de feuillages disposés en losanges sur pointe et centrés de palmettes » (Ch. Trézin).

Le mobilier, outre le pianoforte signé Pleyel, se compose d'un canapé et de fauteuils Louis XVI dont sièges et médaillons s'ornent d'une broderie évoquant chacun une fable de La Fontaine. L'ameublement relativement limité de cette salle respecte l'usage d'autrefois d'en modifier l'ordonnance selon l'utilisation du lieu. Contiguë aux appartements de Françoise de Grignan, elle faisait également office d'anti-chambre pour ses visiteurs.

La chambre est « le lieu où l'on couche et où l'on reçoit compagnie » (Furetière). De part et d'autre du lit, la ruelle accueillait intimes, mais aussi invités ou visiteurs de Mme de Grignan.

Le décor est ici un taffetas bleu à rayures brunes, type gros d'Avignon, garnissant également le lit. Celui-ci, à baldaquin, est dit « d'ange », c'est-à-dire surmonté d'un dais de largeur égale à celle du lit, mais de longueur nette-ment inférieure et suspendu au plafond.

L'imposante cheminée du XVIIe siècle, d'ins-tallation récente, provient du château de Montrouge, à Montbrison-en-Forez.

Entre le lit et la cheminée, un cabinet floren-tin d'apparat du XVIe siècle provient d'une vente du château de Triors, près de Romans. En l'absence de piétement, ce serait donc un cabinet de voyage. Sa « façade » architecturale est à l'image d'un mur de la Renaissance avec colonnes et chapiteaux, comportant trente-quatre tiroirs diversement parés de marbres aux couleurs dissemblables et de lapis-lazuli. Le centre en est orné d'une peinture polychro-me sur marbre de la *Vierge et l'Enfant*. Derrière le cabinet, une peinture florale pro-vient de l'école de Jean-Baptiste Monoyer. Au-dessus de la cheminée, un tableau du XVIIIe siècle figure *Le Festin de Balthazar*. Le portrait présumé de Marie de Coulanges, mère de Mme de Sévigné, fait face au lit à droite.

Le cabinet voisin est, toujours selon Furetière, « le lieu le plus retiré, où l'on étudie et où l'on serre ce que l'on a de plus précieux ». Il est donc logique d'imaginer qu'un serviteur lui ayant apporté son courrier, c'est bien là que fébrilement Mme de Grignan décachetait, au sens propre, le « paquet » toujours ardem-ment attendu : *Pour ma très chère, très aimable et très aimée.*

Lieu intime donc, mais ne manquant pour-tant pas d'un certain apparat auquel participe la brocatelle à fond jaune et fleurs cramoisies qui tapisse presque toute la pièce, sauf entre deux fenêtres. Là, une tapisserie sur soie du XVIIe siècle, dite « peinture à l'aiguille », tant elle est fine, faite de bandes verticales juxtaposées, présente en alternance bouquets de fleurs et oiseaux, tous dissemblables ; elle fut acquise par Mme Fontaine.

Le mobilier, bureau et commode provençale galbée est Louis XV, tout comme ce tableau représentant les jumelles Henriette et Élisabeth, filles de ce roi, derrière le bureau. A droite, portrait de Marie-Thérèse du Muy, épouse de l'acquéreur du château lorsqu'il fut vendu par Pauline de Simiane.

Le cabinet de Mme de Grignan ouvre sur une vaste pièce, dénommée « salle du roi », sans autres précisions. S'agissait-il de François Ier, qui possédait déjà « sa » façade ? Ne convient-il pas plutôt de l'attribuer à Louis XIV, dont le portrait en monarque vieillissant orne un mur ?

Si le damas gros de Tours en blanc à dessin, de la fin du XVIIe siècle, qui tapisse les murs est d'installation récente, le plancher inspiré de Versailles, le lambris blanc et le plafond peint sont l'œuvre de Mme Fontaine. Le déplacement aux États-Unis de la monumentale cheminée, remplacée par une copie provenant d'un château du val de Loire, est en revanche le fait de Boni de Castellane.

Le cabinet de couleur noire qui occupe le fond de la pièce, meuble français de l'école du Louvre, datant de 1645, et récemment acquis à Strasbourg dans une vente aux enchères, est supporté par un piétement qui est son parfait correspondant. L'extérieur sculpté et l'intérieur gravé des portes supportent l'un et l'autre un placage d'ébène où se mêlent scènes bibliques et mythologiques, apportant à ce meuble un caractère ésotérique qui se retrouve jusque dans les miroirs qui en tapissent l'intérieur. Il s'agit en fait d'un cabinet d'apparat, mais dont les nombreux tiroirs secrets permettent également de mettre à l'abri bijoux, objets et documents précieux.

Plus au nord, la salle des évêques est tout ce qui subsiste des appartements, non recons-

Cheminée de l'antichambre du comte.

truits par Mme Fontaine, des deux prélats qui contribuèrent financièrement à l'établissement de cette aile du château. Paradoxalement, les portraits d'ecclésiastiques qu'on y trouve leur sont totalement étrangers. Dans un angle, une gravure reproduit fidèlement les traits de Mme de Sévigné tels que Bussy-Rabutin la décrit dans son *Histoire amoureuse des Gaules,* sous le pseudonyme de Mme de Cheneville.

Un sanctuaire s'imposait ici, que l'on a instauré. Au-dessus de l'autel, une peinture dont l'origine n'est pas franchement établie est généralement attribuée à Giovanni Baptista Crespi, dit Il Cerano. Ce peintre milanais appartenant aux XVIIᵉ et XVIIIᵉ siècles y a représenté *Les Anges dans le sépulcre du Christ*, où se retrouve, par le sens dramatique de la répartition des éclairages, l'influence du Caravage.

A quelques pas, la « chambre d'hiver », car exposée au soleil couchant, est sans doute la moins difficile à chauffer. Elle possède un lit à la duchesse, c'est-à-dire surmonté d'un dais de même dimension que le lit, mais sans montants au chevet de pied, donc suspendu au plafond. Sur l'un des murs, deux tapisseries d'Aubusson relatent deux des sept épisodes du *Roman d'Ariane* dont il sera plus loin question. Un coffre en bois d'if et une armoire à pointes de diamant complètent le mobilier Louis XIII.

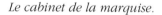

Le cabinet de la marquise.

La chambre de la marquise.

L'escalier, que sa structure gothique situe dans ce qui demeure du château moyenâgeux, s'orne de peintures descriptives voulant illustrer, à l'initiative de Mme Fontaine, les plus notoires des Grignan.

Il conduit dans la galerie des Adhémar, où l'on venait rendre hommage au représentant du Roi en Provence, mais où avaient également lieu de brillantes festivités.

Ses vastes dimensions offraient aux yeux des visiteurs une alternance de cartes, estampes et tableaux qui en garnissaient les murs : notamment vingt-trois portraits de la famille de Grignan, tous brûlés à la Révolution, à l'exception d'un seul, parce qu'il se trouvait momentanément dans la collégiale : celui de Gaucher Adhémar, visible à gauche d'une des cheminées.

Le plafond de châtaignier, les boiseries de noyer et les deux cheminées sont des installations de Mme Fontaine. Une brocatelle polychrome fin XVIe-début XVIIe siècle, tissée par la maison Prelle, couvre les murs.

Le tableau des *Musiciens* de l'école bourguignonne a sa place ici parce qu'au-dessus de l'estrade que l'on installe lorsque sont donnés des concerts de musique de chambre. Sans grande valeur picturale, il nous interpelle pour deux motifs :
– en nous révélant, outre la contrebasse, le luth et l'orgue positif qui nous sont familiers, deux instruments d'époque ; le cornet à bouquin

La galerie des Adhémar.

Tapisserie n° 4, chambre d'hiver. Dicéarque implore la pitié du tribun en faveur d'Épicharis.

dont la sonorité s'apparente à celle de la trompette, et le sacqueboute, ancêtre du trombone ; – par sa composition : un « triangle d'or » à pointe légèrement décentrée vers le sommet gauche, cernant des personnages aux traits peints avec une grande finesse, contrastant avec les visages grossiers ou même grotesques qui les entourent.

A l'autre extrémité de la galerie, sur chevalet, un portrait de Philippe-Emmanuel de Coulanges, le cousin germain estimé à qui Mme de Sévigné adressa sa dernière lettre.

Quittant la galerie par les vastes portes géminées que surplombent extérieurement le blason des Adhémar, et traversant en diagonale la cour du Puits, il convient d'emprunter les escaliers de la tour Saint-Gilles pour parvenir au second étage.

L'antichambre du comte, dont le parquet est au point de Hongrie, possède une cheminée de pierre, la seule d'origine dans le château. A sa droite, un plan de Rome, de 1574, est un document rarissime.

Un léger décrochement du sol nous conduit à la chambre du comte, dite aussi « à l'alcôve » ; celle-ci est aujourd'hui obstruée et l'on en voit aisément l'encadrement de pierre sculptée.

Au sol, un très beau parquet « à la dauphinoise » est constitué de lattes de chêne, de noyer, de merisier et, au centre, de ronce de noyer.

Le lit Louis XVI à baldaquin est recouvert d'une étoffe peinte à la chine sur soie faite au pochoir, ornée de plumes et d'oiseaux, mais malencontreusement très fragile.

Le lustre de Murano est en mesure d'éclairer, de part et d'autre de la chambre, trois des sept tapisseries du *Roman d'Ariane* déjà cité. Sous la plus vaste, un « cabinet d'usage », simplement utilitaire, est plaqué de noyer.

Un petit corridor nous conduit au cabinet de Mme de Sévigné : *Je vous assure, ma bonne, que je souhaite plus d'être dans ce cabinet frais que vous me faites bâtir que dans tous les lieux du monde.* Mais plus tard : *nos écritoires sont gelés, nos plumes ne sont plus conduites par nos doigts qui sont transis.* Les murs de la pièce sont tapissés d'une satinette à fond vert, rayée et chinée, à motif ondé.

Le fond de la pièce s'ouvre sur deux alcôves. Celle de gauche est presque entièrement occupée par un « lit à la polonaise » surmonté d'un dais à ceinture rectangulaire et sommet galbé, recouvert d'une toile de Jouy à motif à l'indienne. A gauche, le « cabinet de curiosités » possède deux encoignures de Hache et des faïences d'inspiration japonaise de la Compagnie des Indes.

La chambre de Mme de Sévigné n'était qu'un des éléments de l'appartement d'Uzès, du nom d'un oncle de François de Grignan, évêque de cette ville, mais qui mourut à Grignan et est enterré dans la collégiale. Sur le mur opposé à la cheminée, une tapisserie de Bruxelles, du début du XVIIe siècle, est intitulée *La Leçon d'astrologie au roi*.

A gauche de la cheminée, un portrait de Pauline de Simiane et, au-dessus de celle-là, celui de son mari, châtelain de Valréas.

Face au lit, portrait de Jeanne-Françoise de Frémyot, épouse de Christophe de Rabutin Chantal et grand-mère de Mme de Sévigné. A son veuvage, elle fonde avec saint François de Sales l'ordre de la Visitation, pour devenir ensuite sainte Jeanne de Chantal et faire d'un nom un prénom.

De part et d'autre du lit, les deux dernières des tapisseries relatant des épisodes du *Roman d'Ariane*, qui se déroule au début de l'ère chrétienne, à l'apogée du régime de Néron.

Mélinde et son ami Palamède, victorieux aux jeux olympiques, rentrent à Syracuse où ils sont reçus par Dicéarque, prince de Sicile. Mélinde est amoureux d'Ariane, sœur de Palamède (chambre de Mme de Sévigné) mais Garimante l'est aussi et la fait enlever ainsi que sa servante Épicharis, propre sœur de Mélinde. Ce dernier, aidé de Palamède, les délivre (chambre du comte).

Encouragé par ses succès, Mélinde peut accuser Dioclès de lui avoir extorqué dès sa naissance les biens de sa famille et le fait juger

(chambre d'hiver). Mais Mélinde et Palamède, qui ont tué un ami de Néron, Marcellin, à son tour épris d'Ariane, doivent fuir Rome avec l'aide d'Épicharis, qui est arrêtée. Dicéarque implore la pitié du tribun (chambre d'hiver). Palamède parvient à délivrer Épicharis, et

Tapisserie n° 1, à gauche du lit « à la duchesse » de la chambre de Mme de Sévigné. Mélinde et Palamède de retour des jeux olympiques.

Le tableau des Musiciens *de l'école bourguignonne.*

Mélinde les Scythes en tuant leur roi (chambre
du comte).

Mais Mélinde apprend l'enlèvement d'Ariane
par deux Scythes qui se la disputent en duel.
L'un est tué, et Ariane profite du moment où
un serpent mord le vainqueur pour le tuer à
son tour (chambre de Mme de Sévigné).
Rien ne s'oppose plus à l'union d'Ariane et
de Mélinde, devenu roi de Thessalie, et nous
assistons au triomphe des deux amants
(chambre du comte).

Tant par sa correspondance ayant trait à
Grignan que par les séjours qu'elle y fit, Mme
de Sévigné a marqué de son image le château
de son gendre. Mais toute évocation serait ici
impossible si Mme Fontaine n'avait, avec courage et clairvoyance, relevé la demeure de ses
ruines et réalisé un exploit dont on n'a peut-
être pas jusqu'ici mesuré l'importance.

La collégiale
Saint-Sauveur

La collégiale de Grignan en 1823.

Pourvus depuis le milieu du XIIIe siècle d'une église, Saint-Vincent, paroissiale certes mais située à l'intérieur du cimetière – dont elle est d'ailleurs actuellement la chapelle – les habitants de Grignan ressentaient cependant le besoin d'avoir dans l'enceinte même du village un sanctuaire destiné à leur pratique religieuse quotidienne.

Conçue dès 1414, réalisée à partir de 1435 et consacrée en 1458 sous le vocable de Saint-Jean-Baptiste, la nouvelle église ne devient d'utilisation paroissiale qu'en 1499. Mais, dès 1495, on constatera son exiguïté qui ne fera que s'affirmer lorsque Gaucher Adhémar y fondera en 1512 un chapitre.

Or, une décision papale unissait, en 1533, au chapitre de Grignan le prieuré-doyenné voisin

de Colonzelle. En certaines circonstances, on ne pouvait que ressentir l'étroitesse du sanctuaire. Dès le 12 janvier 1535, Louis-Adhémar décidait donc la construction d'une nouvelle collégiale, tandis que Saint-Jean-Baptiste redevenait simple église paroissiale et amorçait son déclin.

La réalisation du nouveau sanctuaire fut entreprise dès le début 1535 et, peu après son achèvement en 1539, une bulle de fondation du pape Paul III l'institua collégiale sous le vocable de Saint-Sauveur. Cependant, les chanoines n'en prirent possession que le 1er janvier 1543.

Dès 1562, les protestants présents dans le village fomentèrent des troubles, occupèrent pour leur propre culte puis ruinèrent l'église paroissiale de Saint-Jean-Baptiste dont on ne trouve plus mention de l'existence dans les textes dès 1569, et n'hésitèrent pas en 1566 à abattre la façade de la nouvelle collégiale. Celle-ci ne sera restaurée qu'en 1654 par les soins du comte Louis-Gaucher de Castellane-Adhémar.

Lorsque les chanoines, un moment dispersés, purent à nouveau célébrer les offices dans leur église, ils y recueillirent les habitants du village privés de lieu de culte.

Cet état de fait dura jusqu'à la Révolution, qui vit la suppression du chapitre, le viol du tombeau des Adhémar, le bris des cloches et de rares déprédations extérieures, mais la collégiale ne fut pas vendue. Dès la signature du Concordat, elle put être rendue au culte et devenir l'église exclusivement paroissiale qu'elle est encore aujourd'hui.

Deux voies d'accès permettent d'en atteindre le parvis :
– soit par la petite porte qui clôt le chemin de ronde emprunté à la sortie du château, face à cette dernière ;
– soit par la porte principale, à quelques pas du presbytère, et par les escaliers, classés monument historique depuis 1951, mais dont les marches durent être restaurées en 1966. A différents niveaux de ceux-ci, des niches actuellement vides abritaient les statues des quatre évangélistes.

Le visiteur débouche ainsi sur une esplanade dominée à gauche par un jardin suspendu, dit « jardin Sévigné », dont l'accès n'est possible qu'à partir du château. Le mur de soutènement laisse voir en saillie la tour, qui servait autrefois de cachot et ne comportait pour toute ventilation qu'une étroite ouverture à son point culminant.

La façade de l'église est surplombée par la collerette de la balustrade des terrasses du château, qui en épouse le relief.

Au-dessous, trois ouvertures en œil-de-bœuf correspondent, en l'éclairant, à l'espace séparant le propre toit voûté de l'édifice du dallage des terrasses.

Plus bas, une importante rosace, de style gothique flamboyant, correspondant à l'architecture gothique intérieure du sanctuaire (parce qu'épargnée au moment des luttes religieuses), contraste avec le portail sous-jacent.

Celui-ci appartient en effet à la Renaissance. Le fronton triangulaire qui le domine repose, par l'intermédiaire d'un entablement dépourvu de frise, sur deux colonnes à fût lisse et à chapiteau corinthien. Dans l'encadrement ainsi constitué, la porte à double battant au linteau horizontal et flanquée de deux pilastres est surmontée d'une archivolte décorée d'une alternance de têtes d'anges et de feuilles d'acanthe. Au tympan de celle-ci :
– une inscription latine au centre : *A Dieu très bon sauveur transfiguré, Louis-Gaucher Adhémar, comte de Grignan, a rétabli le portique renversé par la fureur des calvinistes – 1654* ;
– de part et d'autre de cette inscription, les armoiries d'un couple : s'il est possible d'imaginer que l'écu de gauche portait les armes des Adhémar et l'ovale de droite celles de Diane de Montfort, il paraît beaucoup plus vraisemblable de penser que les révolutionnaires de 1793 effacèrent à gauche les armes de Castellane-Adhémar et à droite celles de l'épouse de Louis-Gaucher, restaurateur de la façade, Marguerite d'Ornano.

Des panneaux au relief doré représentent les évangélistes et leurs attributs respectifs…

Pénétrons à l'intérieur de l'édifice pour constater que le vaisseau à nef unique – si l'on excepte la chapelle latérale peu profonde à droite – se compose de quatre travées prolongées par un chevet polygonal à cinq faces. Haut de 17,20 m sous clef de voûte, large de 12,35 m, il mesure 40,39 m de longueur selon un axe d'ailleurs curieusement brisé. C'est, de plus, une église «borgne» par sa position accolée au rocher. Initialement éclairée par six larges baies, elle subit au XVIIe siècle de pro-

fonds remaniements qui en supprimèrent deux totalement, en réduisirent deux autres. Sa construction traduit la fin d'une époque, celle du gothique. C'est pourquoi les caractéristiques de l'abside et du chœur, par lesquels débuta sans doute son édification, appartiennent au gothique flamboyant (nervures à clef commune, s'élevant sur de fines et hautes colonnes), mais s'abâtardissent au niveau de la nef. Au faîte de ces colonnes et sous les chapiteaux, les initiales DOS (Deo optimo salvatori).

Une rosace de style flamboyant.

Jusqu'au siècle dernier, les boiseries qui recouvrent les murs de l'abside s'étendaient à l'ensemble de la nef. Les deux petits autels du Sacré-Cœur et de la sainte Famille, munis chacun de leur retable de bois sculpté blanc et or autour de toiles du début du XVIIIe siècle, et actuellement accolés au mur gauche de l'édifice, s'appuyaient de part et d'autre contre un retour de ces boiseries à l'entrée du chœur, face aux fidèles et coupant apparemment l'église en deux. Ils sont classés.

A gauche de l'entrée et dans l'angle nord-ouest de la nef, les fonts baptismaux : essentiellement constitués d'un bassin de marbre rouge, ils reposent sur un socle de pierre portant les armes des Adhémar – d'or à trois bandes d'azur – et la date de 1687. Les panneaux de la

boiserie grise et or qui les enferment, datés de 1740, représentent successivement la fontaine de purification (*Fons vivus*), le Christ en croix répandant de son flanc l'eau et le sang (*Aqua regenerans*), un bassin (*Unda purificans*), l'ensemble étant dominé par la statue de bois doré de saint Jean-Baptiste et faisant également l'objet d'un classement.

Sur le mur de la première travée, un tableau figure sainte Élisabeth pansant les blessés.

A 15 m de haut, la petite tribune en cul-de-lampe, à laquelle on accédait du château, vit en 1793 disparaître sa balustrade de fer et murer sa porte d'accès.

Au niveau du chœur, le grand tableau peint par Le Boulanger et figurant la *Descente de la Croix* fut offert à la paroisse par le gouvernement de Napoléon III.

Les stalles de l'ancien chapitre durent être apportées et placées où nous les voyons vers le milieu du XVIIe siècle, mais furent modifiées en 1870.

Sur les boiseries de l'abside, dont l'entablement repose sur des chapiteaux d'ordre ionique, des panneaux au relief doré représentent les évangélistes et leurs attributs respectifs : saint Marc et le lion, saint Matthieu et l'ange, à gauche ; saint Luc et le bœuf, saint Jean et l'aigle, à droite. Dans leur intervalle, une toile ancienne : à gauche, Jésus permettant à Pierre de quitter sa barque et de marcher sur les flots tumultueux du lac de Génésareth ; du côté opposé, sa rencontre avec la Samaritaine, Marie de Magdala, au puits de Jacob.

Le maître-autel, au centre, est surmonté d'un retable en bois doré datant de 1632 et qui est

Le visiteur, d'où qu'il débouche sur une esplanade dominée à gauche par un jardin suspendu, découvre ainsi le parvis et la façade de la collégiale.

213

un mobilier classé. Sur la porte du tabernacle, le Bon Pasteur ; de chaque côté, cinq niches où figurent des apôtres. A gauche, dans un médaillon, le pape Paul III, sous le pontificat duquel fut bâtie la collégiale ; à droite, Charles d'Inguimbert, doyen du chapitre et donateur du retable. Latéralement, ciselées des feuilles et fruits de la vigne à leur base, puis cannelées, s'élèvent deux colonnes jumelées aux chapiteaux corinthiens supportant un entablement et un fronton brisé : au tympan de ce dernier, Dieu le père tenant le globe terrestre et l'inscription : ALTARE PRIVIL (autel privilégié). Dans l'encadrement ainsi constitué, le tableau de la *Transfiguration*, signé Guglielmus-Ernestinus Grève, 1630 : au centre et s'élevant dans les nues, le Christ ; à sa droite, Moïse portant les tables de la Loi ; à sa gauche, Élie avec le livre des Prophéties ; au-dessous et témoins de la scène, les apôtres Jacques, Pierre et Jean.

L'orgue que nous découvrons alors a son buffet classé. Lorsqu'à la demande de François de Grignan le facteur flamand Le Royer le réalisa, vers 1662, une arcade en plein cintre, ouverte au versant sud du chœur, en permit l'installation. Mais, alors que l'église déjà plus que centenaire n'avait aucune raison d'échapper à la mode dite « de grand style » de l'époque, le buffet de l'orgue sera Renaissance. On a pu écrire qu'il provenait de la proche abbaye d'Aiguebelle dont l'abbé n'était alors autre que Jean-Baptiste Adhémar, le propre frère de François de Grignan.

Nous ne connaissons que fort peu de détails sur ce que fut l'instrument, d'abord baroque, puis classique, à un seul clavier manuel, jusqu'en 1880, lorsque le facteur Puget, de Toulouse, ajoutant un second clavier, opéra les transformations qu'appelait la musique romantique, avec notamment création d'une « boîte expressive » et l'adjonction de nouveaux jeux.

Lorsqu'à partir de 1959 seront donnés les premiers concerts, qui deviendront annuels, il apparaîtra évident que de telles modifications ne permettront pas de jouer dans son style la musique des grands compositeurs classiques. Des travaux de réfection s'avérèrent indispensables. L'occasion fut donc saisie de rendre à l'instrument sa facture originelle. Depuis 1995, le Comité des orgues de Grignan s'est donné pour but d'organiser des concerts de qualité permettant d'apprécier l'instrument et de l'entretenir.

La chaire, œuvre de l'ébéniste Serres, qui la sculpta au milieu du XIXe siècle, présente la particularité d'avoir un escalier… dérobé. Et l'on pourrait se demander comment le prédicateur y fait une soudaine apparition, si on ne l'avait vu au préalable emprunter la porte d'accès à l'orgue !

La dernière travée à droite fut ouverte en 1681 pour y installer la chapelle de la Vierge. Au-dessus de l'autel, le retable encadre une toile peinte où figure le pape Pie V en prière devant l'apparition de la Vierge, tandis que se déroule la bataille de Lépante, qui consacra en 1571 la victoire des chrétiens sur les Turcs.

La tribune située au fond de l'église fut construite en 1664, lorsque la population de Grignan, admise à participer aux offices du chapitre, se trouva à l'étroit dans le transept qui lui avait été affecté.

Revenons à l'autre extrémité de la nef.

Les descriptions qui suivent émanent de la relation que fit l'abbé Fillet, historiographe et, à cette époque, vicaire à Grignan, des travaux de réfection du dallage de l'abside et du chœur, réalisés en mai 1870. Ce dallage recouvre en effet directement l'entrée de trois caveaux, que nous désignerons par les lettres A, B et C.

Les deux caveaux B et C, destinés à la sépulture des chanoines, sont situés sous le dallage du chœur. Juxtaposés avec un simple mur de séparation, ils ont leur entrée propre et ne communiquent pas entre eux. Dans celui dont l'entrée est en B, on trouve six cercueils dans lesquels aux os se mêlent de la chaux, des restes de chasubles et d'autres ornements sacrés.

Le second caveau, dont les dimensions s'identifient à celles du précédent, a en revanche son entrée C excentrée par rapport à lui-même. On y découvre des débris de bière, les crânes et les ossements de quatre pesonnes.

Le caveau de l'abside, sépulture de la famille seigneuriale de Grignan, a son ouverture en A, large d'un mètre carré environ. Six marches en pierre permettent d'y descendre. Voûté en plein cintre, de 4 mètres de large sur 3,50 m de long et 2 mètres de haut, il recèle à droite et au fond les restes de quatre bières et leurs ossements et dans l'angle nord, à gauche, les débris d'une bière, des ossements et notamment une moitié de crâne.

Plan de la collégiale. (Dessin B. Verrier)

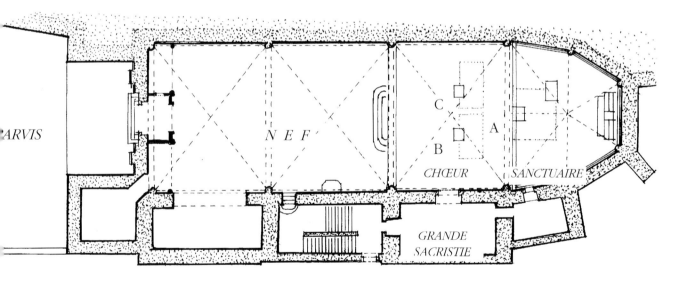

Ces précieux restes, s'ils sont bien ceux de Mme de Sévigné, se trouvent sous l'emplacement de la plaque de marbre que fit poser M. du Muy aux environs de 1771.

On y peut lire l'inscription suivante :

CY GIT MARIE DE RABUTIN CHANTAL
MARQUISE DE SÉVIGNÉ
DÉCÉDÉE LE 18 AVRIL 1696

Erreur d'un jour, puisque nous savons qu'elle mourut en fait le 17 avril.

Mais c'est bien depuis le 18 avril 1696 qui la vit ensevelie dans «sa robe de velours de Gênes, dont le fond ventre de biche est broché d'arabesques roses rehaussées de bleu paon» (Dr Cabanes d'après Mme Daguilhon) que Mme de Sévigné repose dans la collégiale Saint-Sauveur de Grignan. Ses funérailles se sont déroulées selon le cérémonial traditionnel, marqué de l'affection que lui témoignent tant son gendre, qui sut l'apprécier, que les villageois attachés *à la bonne dame du château*. Seule Mme de Grignan, souffrante, a été tenue dans l'ignorance de l'événement, et, sur l'ordre du comte, les cloches de la collégiale n'ont pas sonné pour l'office funèbre.

Près d'un siècle s'est écoulé quand surgissent les événements révolutionnaires. Un arrêté du Comité de salut public, en date du 13 septembre 1793, prescrit la réquisition des métaux renfermés dans les édifices des religieux et les demeures des émigrés.

Dès le 22 octobre, les cloches de la collégiale sont projetées de leur tour sur le parvis de l'église ou dans la rue voisine, et leurs débris sont récupérés. Le lendemain, c'est le tour de la balustrade de fer forgé de la petite tribune en cul-de-lampe qui, de ses 15 mètres, surplombe la nef. Fin décembre, le Comité de salut public du district de Montélimar contraint la municipalité de Grignan à l'ouverture du tombeau des Adhémar, au centre de l'entrée de l'abside, le seul susceptible de contenir des cercueils de plomb, si ceux des chanoines, dans le chœur ne contenaient rien qui fut intéressant pour la défense nationale. Parmi les restes funèbres, ceux de la marquise sont facilement reconnaissables, et le juge de paix Pialla Champier fait scier le crâne dont il envoie la partie supérieure à Paris pour expertise phrénologique.

Lorsqu'en 1803, la tourmente révolutionnaire passée, l'abbé Martinel de Saint-Estève devient curé de Grignan, une de ses premières préoccupations sera de vouloir blanchir ses paroissiens d'une accusation qui leur vaudra, pense-t-il, l'opprobre de la postérité : la profanation de la dépouille de la marquise, dont il conteste farouchement qu'elle put avoir eu lieu, si l'ouverture du caveau des Adhémar ne peut certes être discutée. Mme de Sévigné, affirme-t-il, étant morte de la petite vérole, a été hâtivement enterrée dans le simple cercueil de bois dont on pouvait dans ces conditions disposer, dans un caveau spécialement creusé pour elle et parfaitement étanche afin d'écarter tout risque de contamination.

Mais, par ailleurs, il n'est guère permis de douter, grâce à la correspondance échangée de 1809 à 1835 entre l'abbé Martinel et le préfet de la Drôme, que le but utilitaire du tenace ecclésiastique est d'obtenir du département et du gouvernement les subsides dont il a besoin pour réparer son église, compte tenu du dépôt

Le buffet de l'orgue sera Renaissance.

funéraire, sacré pour lui, qu'elle contient. Il sollicite même de *Sa Majesté Impériale Madame Joséphine, impératrice des Français,* des fonds tirés du Trésor public ou prélevés sur sa cassette personnelle.

Pendant des années, le brave curé s'efforce de convaincre autour de lui. Sa fougue va jusqu'à lui faire composer, après la chute de Napoléon et dans la perspective du retour des Bourbons, une épître à *Monseigneur le duc de Wellington, généralissime des armées combinées d'Espagne et de Portugal, ambassadeur d'Angleterre près de la Cour de France* et, par l'intermédiaire de celui-ci, à la nation anglaise.

Plaque de marbre posée par M. de Muy en 1771.

Monseigneur,

J'aime à prévenir une nation (que vous venez d'illustrer si fort dans ces derniers jours), nation qui, dans tous les temps livrée à elle-même, s'est montrée toujours si instruite et si curieuse du vrai beau.

J'aime à la devancer dans son arrivée aujourd'hui à Paris, pour la mettre d'abord en garde contre la calomnie qui court « que les cendres de Madame la Marquise de Sévigné ont été profanées à Grignan ». Je me hâte donc, Monseigneur, de vous prier (en voyant sans doute arriver à votre suite vos grands seigneurs et miladies anglaises) de les rassurer bien vite, et de leur dire que les restes de la femme illustre n'ont rien souffert chez nous dans le temps de

la Révolution (ainsi que les méchants s'en sont jactés) et que le corps de Madame de Sévigné est dans mon église, comme il y a toujours été, et que rien n'y en a jamais terni et troublé l'existence et la gloire.

Suivent de longues pages où, dans un style quelque peu hyperbolique, l'abbé Martinel décrit les diverses phases de la violation sépulcrale, révèle les machinations qui purent, un moment, faire illusion et développe les arguments propres à réfuter toute spoliation de l'illustre dépouille.

Certes il est entendu, puisque, sous la Restauration et la monarchie de Juillet, les visiteurs de marque – et de nationalité anglaise notamment – affluent. Ce n'est d'ailleurs pas sans mal pour les restes du château, dont certains « souvenirs » passent le Channel pour enrichir quelques collections particulières. L'acquisition des ruines par Léopold Faure survient à temps pour limiter les dégâts. Cependant qu'à Grignan notre curé organise dans la collégiale une grandiose cérémonie à la gloire de la marquise, *avec un immense catafalque affectant la forme d'une pyramide, richement décorée, notamment de cartouches décrivant :*
– *« Où trouver une femme si prodigieuse dans la manière d'écrire ? »*
– *« Elle a su mêler l'utile et l'agréable »*
– *« Écrivez sans enflure, recherchez en tout le naturel »*
et au sommet de laquelle se dresse une imposante statue symbolisant la renommée aux cent bouches. Cent flambeaux l'éclairent, qui projettent leurs douces lueurs sur un portrait de la Marquise, voilé de crêpe, occupant le centre du monument (abbé Nadal).

Par les répercussions qu'elle a dans les milieux littéraires en ravivant les controverses, la brillante cérémonie a ébranlé l'administration, et le sous-préfet de Montélimar en vient à ordonner une enquête, confiée à la municipalité de Grignan.

Démarche d'autant plus réalisable que les édiles locaux se sont déjà groupés autour de leur curé pour le soutenir. C'est donc alors que sont interrogés les huit plus anciens habitants de la commune qui auraient connu dans leur âge tendre d'autres vieillards… témoins des circonstances dans lesquelles est morte Mme de Sévigné. Si sur les huit deux seulement parlent, les autres restant muets et tous gardant leur anonymat, il ne s'ensuit pas moins un plutôt curieux *Procès-verbal d'inhumation,* dit de notoriété, du 27 août 1816, qui conclut à la non-violation de la dépouille de la marquise et va conforter pendant près d'un demi-siècle les certitudes de l'abbé Martinel.

Lorsqu'il meurt en 1830, à l'âge de quatre-vingt-douze ans, celui-ci pense sans doute avoir définitivement convaincu. L'imposante édition Mommerqué des *Lettres de Mme de Sévigné*, parue en 1819, a elle-même fait sienne la thèse du vénérable curé.

Ce n'est que vingt ans plus tard qu'apparaissent les premières failles, lorsqu'est inaugurée en grande pompe la statue en bronze de la marquise, place de Sévigné. A l'issue de la cérémonie officielle, les personnalités se sont rendues dans la collégiale. Près de la dalle funéraire, Léopold Faure se permet, devant les notables grignanais ahuris, d'émettre des doutes sur l'intégralité des restes.

Personne, en effet, ne s'est jusqu'ici avisé des

La statue en bronze de la marquise, place de Sévigné.

termes dans lesquels a été établi l'acte officiel de décès : *Le 18 avril de la susdite année 1696 a été inhumée DANS LE TOMBEAU DE LA MAISON DE GRIGNAN dame Marie de Rabutin Chantal, marquise de Sévigné, décédée le jour précédent, munie de tous les sacrements de l'église, âgée d'environ soixante-dix ans.*

On vient, en outre, de réaliser que l'affection dont serait morte la marquise a été, de la part des vieillards interrogés, l'objet d'une confusion. C'est Mme de Grignan qui en fait, à

Mazargues, près de Marseille, avait succombé à la petite vérole, soignée par un certain Dr Chambon, ami de la famille, qui l'avait relaté à son retour à Grignan. Le même Chambon se trouvait en revanche… à la Bastille au moment du décès de Mme de Sévigné.

Celle-ci répugnait aux rites funéraires tels qu'on les pratiquait en Provence. Souhaitant mourir à Paris, elle espérait y être inhumée dans la chapelle particulière que possédaient les Coulanges en l'église des Saintes-Maries, rue Saint-Paul, où reposaient déjà notamment sa mère et son mari. Mais à l'époque, on vous enterrait où vous mouriez. Il n'en fut donc rien et c'est d'ailleurs un chapitre important de l'histoire grignagnaise qui nous aurait alors échappé !

Lorsqu'en 1870 il s'avère nécessaire de refaire le sol du chœur de la collégiale, il est facile à trois des plus qualifiés parmi les Grignanais, Léopold Faure, Louis Devès (greffier de paix) et l'abbé Fillet (vicaire) de faire une reconnaissance *de visu* des tombeaux déjà cités : outre le fait qu'il n'existe pas dans le chœur, contrairement aux affirmations du curé Martinel, un troisième caveau, dans celui des Adhémar, au niveau de l'abside, ils ne sont pas surpris de découvrir, parmi d'autres restes, *une moitié de crâne très régulièrement sciée.*

La marquise tourne sa coiffure hurlupée vers la porte du Tricot.

Table des matières

CHRONOLOGIE

Les Sévigné	Les Grignan	Environnement littéraire et politique
1626 5 fév. : Naissance de Marie de Rabutin Chantal à Paris.		
1627 Mort du père de Marie de Rabutin.		
	1628 Mariage de Louis-Gaucher de Castellane Adhémar et de Marguerite d'Ornano.	1631 Théophraste Renaudot fonde *La Gazette*.
	1632 15 sept. : naissance de François de Castellane Adhémar de Monteil, futur comte de Grignan.	
1633 Mort de Marie de Coulanges, baronne de Chantal, mère de la future Mme de Sévigné.		1637 *Le Discours de la méthode*, de René Descartes.
		1638 Naissance de Louis XIV.
		1643 Mort de Louis XIII. Régence d'Anne d'Autriche, aidée par Mazarin. *De la fréquente communion*, d'Antoine Arnauld.
		1643-1715 Règne de Louis XIV.
1644 Mariage de Marie de Rabutin Chantal et d'Henri de Sévigné.		
1646 10 oct. : naissance de Françoise-Marguerite de Sévigné, à Paris.		
1648 12 mars : naissance de Charles de Sévigné, aux Rochers.		1648-1652 La Fronde.
1651 Mort d'Henri de Sévigné.		1649-1653 *Le Grand Cyrus* par Georges et Madeleine de Scudéry.
		1652 Retour du jeune Louis XIV à Paris.
	1654 François de Grignan, colonel du régiment de Champagne.	1653 Nicolas Foucquet, surintendant des finances.
	1656 François de Grignan, capitaine-lieutenant de la Cie des chevaux légers de la reine Anne d'Autriche.	
1657 Mlle de Scudéry : portrait de Mme de Sévigné, appelée « Clarinte ».		1657 *Les Provinciales* de Pascal.
	1658 Mariage de François de Grignan avec Angélique-Clarisse d'Angennes.	1659 *Les Précieuses ridicules* de Molière.
		1660 Mariage de Louis XIV et de Marie-Thérèse d'Autriche.
		1661 Mort de Mazarin.
1663 *Ballet des Arts*, Mlle de Sévigné y danse.	1663 François de Grignan est lieutenant général en Languedoc.	
1664 *Les Plaisirs de l'île enchantée*.		1664 Début de parution des *Contes* de La Fontaine.
1665 Ballet : *La Naissance de Vénus*.		1665 Publication subreptice de l'*Histoire amoureuse des Gaules*. *Maximes* de La Rochefoucauld.
	1666 2e mariage de François de Grignan avec Marie-Angélique du Puy du Fou.	
1668 On parle des mariages possibles de Françoise-Marguerite de Sévigné.	1668 Mort de Louis-Gaucher, comte de Grignan.	
1669 Elle épouse François de Grignan, le 29 janvier.	1669 29 nov. : M. de Grignan est nommé lieutenant général en Provence.	1669 *Les Lettres portugaises* traduites en français. Début d'édition des *Fables* de La Fontaine. Les *Pensées* de Pascal.

1670 19 avril : le comte de Grignan
quitte Paris pour la Provence.
15 nov. : naissance de
Marie-Blanche à Paris.

1671-1678 *Essais de Morale*,
de Pierre Nicole.

1671 4 févr. : 1re séparation. Mme de Grignan part en Provence.

1671 17 nov. : naissance de
Louis-Provence à Lambesc.

1672 13 juil. : départ de Mme
de Sévigné pour Grignan.

1673 5 oct. : retour de Mme
de Sévigné vers Paris.

1673 Siège d'Orange.

1674 François de Grignan crée
le régiment de Provence-infanterie.
Févr. : Mme de Grignan à Paris.
9 sept. : naissance de Pauline.

1672-1678 Guerre de Hollande.
1672 Louis XIV s'installe à Versailles.
1673 Victoire de Maëstricht.
J.-B. Lully directeur
de l'Académie de musique.

1675 24 mai : 2e séparation. Départ de Mme de Grignan en Provence.

1675 Grande révolte en Bretagne.

1676 Mme de Sévigné est aux Rochers.
Mai-juin : séjour à Vichy.

1676 9 févr. : naissance de Jean-Baptiste,
qui meurt à seize mois.
Déc. : Mme de Grignan à Paris.

1677 8 juin : 3e séparation. Mme de Grignan part en Provence.

1677 Août-oct. : Mme de Sévigné à Vichy.
Oct. : elle habite l'hôtel Carnavalet.

1677 Nov. : Mme de Grignan à Paris.

1677 *Phèdre* de Racine.

1679 13 sept. : 4e séparation. Mme de Grignan repart en Provence.

1678 *La Princesse de Clèves*,
de Mme de La Fayette.
1679 Édition de deux recueils des *Fables*
de La Fontaine.
Mort du cardinal de Retz.

1680 Déc. : Mme de Grignan à Paris.
Elle y demeure près de huit ans.

1680 Mort de Foucquet à Pignerol.
1683 Mort de Colbert.
Mort de la reine Marie-Thérèse.

1684 Mariage de Charles de Sévigné.

1684 5e séparation. 12 sept. : Mme de Sévigné part aux Rochers.

1687 6e séparation. Sept-oct. : Mme de Sévigné fait une cure à Bourbon.

1687 Mort de l'abbé de Coulanges.

1684 Mariage secret de Louis XIV et
de Mme de Maintenon.
1685 Révocation de l'édit de Nantes.
1686-1697 Guerre de la ligue d'Augsbourg.
1687 Charles Perrault publie
Le Siècle de Louis le Grand.

1688 3 oct. : 7e séparation.. Mme de Grignan retourne en Provence.

1688 Invasion de l'Angleterre par
Guillaume d'Orange.
Occupation d'Avignon et du Comtat.
Les *Caractères* de La Bruyère.
1689-1691 Appel à la fonte de l'argenterie
pour avoir plus de numéraire.

1690 5 oct. : Mme de Sévigné part
de Bretagne vers la Provence,
où elle arrivera le 24 octobre.
Ce 2e voyage est dit « d'outre-mer ».

1691 Mi-déc. : retour à Paris, accompa-
gnée de sa fille et de son gendre.

1691 *Athalie*, de Racine.
1693 Mort de Roger de Bussy-Rabutin.

1694 Mars : 8e et dernière séparation. Mme de Grignan retourne en Provence.

1694 27 mai : Mme de Sévigné rejoint sa
fille en Provence (3e voyage).

1696 17 avril : mort de Mme de Sévigné
à Grignan.

1695 2 janv. : mariage de Louis-Provence
de Grignan. 29 nov. : mariage de
Pauline de Grignan.

1694 Mort d'Antoine Arnauld,
doctrinaire janséniste.
Dernier recueil des *Fables*
de La Fontaine.

BIBLIOGRAPHIE

Éditions des *Lettres* de Mme de Sévigné

Ph. A. GROUVELLE, Notice en tête de son édition des *Lettres*, 1806.

L. de MOMMERQUE, *Lettres de Mme de Sévigné, de sa famille, de ses amis*, Coll. G.E.F., 1863.

E. GÉRARD-GAILLY, *Mme de Sévigné – Lettres*, « La Pléiade », Gallimard, 1960.

Roger DUCHENE, *Mme de Sévigné – Correspondance*, « La Pléiade » Gallimard, 1972, 1978.

Archives de la commune de Grignan.

Articles et revues

Roger DUCHENE, « Les Provençaux de Mme de Sévigné » et Jean CORDELIER, « Mme de Sévigné devant la mort », revue *Marseille*, 3e colloque de Marseille, n° 95, 1973.

Gilles COSTAZ, « Mme de Sévigné et le Rhône », *Les Petites Annales de Valence*, 1967.

Laurent LAMARCHE, « Mme de Sévigné et le Rhône », 1963.

Recherches donzéroises de 1983 à 1988, articles de Jean Salavert.

Paul MASSON, François Adhémar de Monteil, comte de Grignan, 1920, *Bulletin des Archives départementales des Bouches-du-Rhône*.

Livres

Henri d'ALMERAS, *À pied, à cheval, en carrosse – Voyages et moyens de transports du bon vieux temps*, Tours, 1929.

Marius ANDRÉ, *Notices sur Mme de Sévigné et sur sa famille de Grignan*, Marseille 1932.

Philippe ARIES, *Images de l'homme devant la mort*, Le Seuil, 1983.

Élisabeth BADINTER, *L'Amour en plus – Histoire de l'amour maternel, XVIIe-XXe siècles*, Flammarion, 1980.

BAUDEAU DE SOMAIZE, *Grand dictionnaire des Précieuses*, Éd. Livet, Paris. 1856.

François BLUCHE, *Dictionnaire du Grand Siècle*, « La Vie quotidienne de la noblesse française au XVIIe siècle, Hachette, 1973.

Henriette CÉLARIÉ, *Mme de Sévigné, sa famille et ses amis*, Armand Colin, 1925.

Albert CHAMPDOR, *Vieilles chroniques de Lyon*, Éd. Albert Guillot, 1977.

Paul CHARBON, *Quelle belle invention que la poste*, Gallimard, 1991.

Jean-Marie CONSTANT, *La Vie quotidienne de la noblesse aux XVIe et XVIIe siècles*, Hachette, 1985.

Jean CORDELIER, *Mme de Sévigné par elle-même*, Paris, Éd Seuil, 1967.

Guy DÜRRENMATT, *La Mémoire du Rhône*, Éd. La Mirandole (Pascale Dondey éditeur), 1993.

Abbé Louis FILLET, *Louis Adhémar, premier comte de Grignan*, 1895.

Abbé Louis FILLET, Mémorial de la paroisse de Grignan, tomes 1 et 2.

Les Forbin, Aubanel.

E. GÉRARD-GAILLY, *Mme de Sévigné*, Hachette, 1971.

Marius GILLES, *Grignan, visite rationnelle et complète*, 1956

Marius GILLES, *Les Tapisseries du musée Faure–Cabrol*. 1956.

André HALLAYS, *En flânant… à travers la France – La Provence*, Librairie académique Perrin, Paris, 1912.

André LACROIX, *L'Arrondissement de Montélimar*, Éd. du Palais–Royal, 1873, réédition 1973.

Frédéric MASSON, *Le Marquis de Grignan*, Paris, 1882.

Francès MOSSIKER, *L'Amour d'une mère – Mme de Sévigné et son temps* (traduit de l'anglais), Hachette, 1971.

Abbé Joseph NADAL, *Essai historique sur les Adhémar et sur Mme de Sévigné*, 1858.

Genès PRADEL, *Mme de Sévigné en Provence*, Montluçon, 1926.

Mgr A. RICARD, *Les Défauts de la comtesse de Grignan, un procès à réviser*, Paris, 1895.

Marquis Gaston de SAPORTA, *La Famille de Mme de Sévigné en Provence*, Paris, 1889.

Père S.J. SAUREL, *Oraison funèbre de François Adhémar de Monteil, comte de Grignan*, Aix en Provence, 1715.

Philippe SOLLERS, *Lettres de Mme de Sévigné, 1626-1696, images d'un siècle*, Valence, Éd. Scala, 1992.

Pierre-Claude TRACOL, *Hommage aux mariniers du Rhône*, Valence,1980.

Christian TRÉZIN, *Le Château royal de Grignan – Décor et mobilier au temps de Mme de Sévigné*, Imprimerie Devoghel, 1989.